세상을
보는
기쁨

이 도서의 국립중앙도서관 출판예정도서목록(CIP)은 서지정보유통지원시스템
홈페이지(http://sji.nl.go.kr)와 국가자료공동시스템(http://www.nl.go.kr/kolisnet)에서
이용하실 수 있습니다. (CIP제어번호 : 2017032310)

세상을
보는
기쁨

초판 1쇄 발행 2017년 12월 15일

지은이 김현주 **펴낸이** 임정일
책임 임병천 **편집** 송치헌 **디자인** 이동헌

펴낸곳 책나무출판사
출판신고 2004년 4월 22일(제318-00034)

주소 서울시 영등포구 신길3동 325-70 3F
전화 02-338-1228 **팩스** 0505-866-8254
홈페이지 www.booktree.info

ISBN 978-89-6339-564-7 03810

김현주 세 번째
감성 에세이

세상을
보는
기쁨

책나무

| **일러두기** |

본문에서 등장하는 (_, _()_, *)=,의 기호들은 저자가 의도한 표현으로, 각각 '둥글게 퍼지다', '두 손을 모아 기도하다', '꽃다발을 옆으로 든 모습'이라는 의미입니다.

아침을 보고 있으면
더 깊이 가라앉아서
더없이 무의미하지만

봄이니까,
사랑하기 참 좋은
생애이지요

| 차례 |

| 1장 |

하늘은 바람이 되라 하고

달팽이 순례

달팽이는 누가 봐주지 않아도
이 세상 아침을 더디게 가는데 말입니다.
긴 밤 지새우며 살아있다는
느낌표는 두 개씩 있어야 합니다.

그림자를 밟지 않고 그림자를 따라가네

작가는 세계를 지배하는 것이 아니라
세계의 부자유를 받아들이는 존재다.

김중혁 소설가님께서는 지금까지 당신께서 쓰는 소설은 하나의 조각보이고 거대한 큰 그림을 완성하기 위한 과정이라고 하셨지요. 의외로 불가능하게만 보이던 시도가 마침내 거대한 긍정의 결과를 가지고 왔을 때 많은 분이 용기와 감동을 얻게 된다는 믿음이 있기에 깊은 공감을 할 수 있었습니다.

불완전한 관계 안의 풍경들, 그 안에서 사람들의 존재론적인 외로움과 만남과 헤어짐, 죽음, 불편함을 느꼈습니다. 조금은 아프고 쓸쓸하지만 '삶에서 단 하나의 기억만 남긴다면 무엇을 남기시겠습니까?'라는 질문처럼 진한 여운을 주기도 하지요.

어제 네 살배기 꼬마가 지하철 에스컬레이터 계단에서 폴짝 뛰어내리는 걸 봤는데요. 조그마한 다리로 씩씩하게 걸음을 내딛는 걸 보니 참 대견하고 기특했습니다. 어쩌면 인간이 삶이라는 숙명을 극복하려는 자유의지는 어릴 때부터 자연스레 몸으로 얻게 되는 건 아닐까 하는 생각도 해보았습니다.

사랑은 처음 그린 그것을

테드 창 작가님의 작품 세계는 신화적인 부분도 참 많구나 하는 인상을 받았습니다. 시간이 반복되는 이상한 감정이 자유롭게 진입할 수 있는 것은 믿고 싶어 하는 일을 해야 하고 세상을 넘어서는 사랑과 기다리는 마음이 있었기에 가능했지요. 현실 세계에서는 언어가 존재를 규정하는 한계가 있지만 다르게 흐르는 몸짓을 통해서 우주를 발견할 수도 있겠습니다.

이동진 작가님의 빛에 대한 해석을 듣노라면 봉인되어있는 삶의 중요한 본질을 건드리는 느낌이었습니다. 결국, 사랑은 처음 그린 그것을 둘이 나가서 둥글게 움직이는 거예요. 소설『당신 인생의 이야기』의 루이스처럼 자신에게 날아오는 비극을 어떻게 할 수는 없습니다. 하지만 현재에서 경험하고 있는 사건은 중요한 의미가 담겨 있거든요. 자유의지를 가지고 애달픔에 매이지 않는 준비를 하나씩 하다 보면 절망에서 희망으로 뒤바뀌는 기적을 만들 수도 있겠습니다. 지구에서 실제 시간이 거꾸로 가는 접촉은 문학이 가진 질문의 힘을 통해 구현되기도 한답니다.

악으로 선을 정복하는 게 아니라 선으로 악을 정복하기 위해 그 선의 힘이 얼마나 단단해야 하나요?

선을 지키는 방법은 인과론이라면 결과에 무게를 싣고, 목적론이라면 과정에 무게를 싣게 되는데 말입니다. 신의 문제를 해결할 수 있는 매듭은 나는 너를 유기하지 않음을 알아차리는 꾸준한 연습일 수도 있겠다는 생각을 했습니다.

모두가 먹빛을 거느린 언어를 품고 있지만
자신만의 방법으로 삶을 껴안고 갔으면 하는 바람입니다.

우리들 자신 밖에서
깊은 소리는 사라지지 않겠지요.
오늘 푸르른 바람이 비슷합니다.

비자 받기 힘들어요

문득 무하마드 알리가 떠올랐습니다.

'나비처럼 날아서 벌처럼 쏘겠다'

규격화되어 있는 수많은 노래보다 때로는 마음을 흔들리게 하는 표정과 쉴 부분이 없어서 피로감을 느끼게 하는 작은 소리가 훨씬 더 그윽할 때가 있거든요. 비록 망설이는 마음 한복판에 있기도 해서 지키고 싶어 하는 모든 이야기를 다 할 수는 없겠지요. 그래도 횟수를 헤아릴 수 없는 그리움에서 묻어나오는 감정만은 진심이잖아요. 15년 전, 빛이 들어오지 않는 감옥 같은 공간 속에서도 '가장 친한 친구를 부를 때'와 같이 따스한 기운이 전해졌던 경험이 있었습니다. 흐린 세상을 건너가게 하는 힘은 분명히 지키고 싶어 하는 사람이 있을 때 가능하더라고요. 세상과의 조화로움을 함께 노래를 부르는 원칙으로 세울 수 있다면 얼마나 좋을는지요.

아직도 어리둥절한 사랑을 느낄 뿐입니다. 하지만 나의 질문을 다시 나에게 돌리게 되듯 피곤을 넘어 상상을 넘어 다만 묵묵히 '글'을 쓸 뿐이지요. 영화 「시카고」에 대한 이야기를 듣다가 영화 「델마와 루이스」가 그냥 떠오르기도 하니까요.

영화 「물랑루즈」 크리스티앙의 '바람'

영화 「시카고」 록시 하트의 '구름'

영화 「레미제라블」 장발장의 '바위'

영화들을 보면서 각각의 성향이 담겨 있는 신경림 선생님의 '시' 「목계장터」를 떠올렸습니다. 그런데 노래가 가장 중요한 감정을 고백하네요.

- 비자 받기 힘들어요.

친구

사람과
사람의
사람이

나무처럼 가려 하고
바람처럼 가려 하고

무수한 별을 한꺼번에 쏟아내는

볼 수 있는 것과 볼 수 없는 것… 우리가 모르는 것들은 얼마나 많은지요. 제 것이 아닌 제 눈은 더 많은 것을 보고, 제 것이 아닌 제 영혼은 더 많은 것을 느끼는데 현실에서는 그 누구와도 나눌 수 없어 종종 '글'에게 신세를 많이 지게 된답니다.

과연 홍미로운 곳에서 글쓰기를 멈출 수 있을까요. 아이유가 노래했던 「분홍신」처럼 홍미로운 곳을 발견하는 순간 비로소 글쓰기는 시작되고, 정작 나중에는 멈추는 법을 잊게 될지도 모르겠습니다.

사실 매 순간 신명나는 삶이라면 실제로는 너무 힘들 거 같은 생각도 하게 됩니다. 김훈 선생님께서 세월호 추모 글 '단지 쓴다'라는 표현이 너무 가슴이 아팠습니다.

결국 '홍'이라는 건 슬픔을 품은 기쁨인 거 같아서요.

시간을 견디는 방법으로 글을 쓸 수 있어 감사하네요.

모두 각각의 방법으로 더 반짝여도 됩니다.

후줄근히 젖은 어깨에

어두컴컴한 방 안에서 시와 소설의 한 부분을 낭독하는 목소리를 듣게 되노라면 더없이 고요해지고 마음 한구석이 짠해져 옵니다.

실제로 진실한 글의 기운이 전해되면 눈시울이 촉촉해지기도 하더라고요. 흔들림 없이 살아갈 수 있다면 얼마나 좋을까요. 하지만 흔들리는 삶 자체가 감동이 되어 많은 사람에게 희망을 안겨주기도 하지요.

모두가 가난했던 그때 그 시절… 대학까지 나온 뒤 교사로 정년퇴직하신 한 어머니를 뵈었는데요. 너무 완벽하게만 살았던 지난날을 반추하면서 '왜 그렇게 힘들게 살았을까?' 하는 의문을 가지셨어요. 열심히 사는 것과 행복한 것과의 관계는 없었다면서… 매일매일 우울증에 시달리며 마음의 문을 닫아버린 채 살았던 적도 있었고, 남편이 바람나서 자신을 버리고 갔을 때에도 아이 세 명을 키우느라 오직 앞만 보고 가셨다고 얘기하셨어요. 지금도 하고 싶은 게 많은데 기억력도 점점 나빠지고 잠을 못 자서 걱정이 많으셨습니다. 67년의 인생을 짧은 단편소설집을 읽는 것처럼 들었습니다.

그리고 말씀드렸습니다.

"앞만 보고 가면 안 되셨고요. 옆도 봐야 하셨습니다. 지금은 물건이 잘 안 보일 만큼 눈이 나빠지셨잖아요. 몸이 겸손해지는 것처럼 마음과 영혼이 겸손해지는 연습이 필요하세요."

옆을 보지 않아서 일어나는 일이 얼마나 후회가 되는지 경험하지 않고도 알면 좋을 텐데요.

수많은 불면의 밤을 보내시는 그분께 부작용이 심한 수면제보다는 눈을 감고 자기 자신에게 말을 거는 명상을 하시라고 조언해 드렸습니다.

'00야, 그동안 잘 살았어…'

말보다는 글로 그동안의 시간을 정리하시는 것도 도움이 되실 거라고 했더니 고마워하시더군요. 세상은 혼자서 살아가는 것이 아니라 더불어서 함께 나아간다는 걸 그 의미들을 마음에 간직하게 되는 순간은 언제나 사소함에 있었습니다. 멋들어진 인생의 요리를 완성하는 그날까지 사랑을 향한 움직임은 계속됩니다.

내가 말할 때 귀 기울이는 너의 표정이 좋아

요즘에는 워낙 비정규직을 양산하는 세태라서 청년들이 좋아하는 연예인을 내세운 알바천국, 알바세상 같은 광고만 봐도 속상합니다. 기계에 대한 의존성이 점점 심해지면서 사람들은 자신의 전화번호조차 잊어버리고 살지요. 사라지는 능력만큼 분명 채워져야 하는 능력도 필요합니다. 생명에 대한 판단과 믿음에 대한 부분이야말로 로봇과 사람의 다른 점이라는 생각을 했습니다. 실제 일촉즉발의 전시상황에서 흔들리는 연민의 감정보다 냉철한 판단이 필요할 것입니다. 그래도 로봇이 '라이언 일병 구하기'는 못해요.

로봇이 정신적 부분에서 자유로울 수 있다는 점이야말로 진중권 교수님이 언급하신 인공지능의 주체적 의사결정 불가능함. 알고리즘에 의해 철저하게 선택된 것에 불과하다는 확신감을 갖게 하더랍니다.

이미 대학은 지식의 무덤, 취업 준비 학교가 되어버렸지요. 학위 장사라는 말이 정말 가슴 아프기도 했습니다. 제가 일하는 곳에 실습 나온 학과생들이 있는데 보고만 있어도 안쓰러울 때가 있거든요.

교육 분야와 의료 분야가 자동화가 되지 않는다면 가난한 사람들이 혜택받을 기회가 줄어듭니다. 가난한 살림에 공부만 잘하면 계층이동이 가능했던 시절도 있었는데, 점점 어려워지는 것도 지금의 현실이니까요. 사람이 돈을 버는 속도는 돈이 돈을 버는 속도를 따라가지 못한답니다. 수십 조가 투입된 계획도시가 보이고, 공동 화장실을 사용하는 동네도 보입니다. 우리가 사는 동안에 정신적 경제적 '대공황'이 오지 않을까 막연하게 짐작해봅니다. 사람은 같은 실수를 반복하게 되어 있고, 단 한 번의 문제는 그나마 우연히 답을 찾을 수도 있지요. 대부분은 사는 게 만만치 않습니다.

기업이 노동자가 소비자라는 인식을 했더라면…
최강대국 미국이 영화「식코」가 나오기 전
의료시스템을 충분히 검토하여 개선했더라면…
선별적 복지비용의 비효율성을 인지했더라면…
보편적 복지의 이상향을 모두가 꿈꿀 수 있더라면…

방향성의 문제이기는 하겠지만 인간의 끝없는 욕망을 인정한 자본주의와 로봇의 부상에 대한 대안은 현재로서는 '기본소득'과 '세금 제도 개편'일 수도 있겠습니다. 아직은 잘 모르겠지만 그 이상을 더 찾는 노력이 필요한 시기인지도 모르겠습니다.

'원격접속지원 기능을 종료합니다'

지금 이 순간에는 컴퓨터 메시지 창 대신 로봇이 할 수 없는 아름다운 일상을 상상해봅니다.

나를 보는 당신을 마주하는 의미는

녹내장 수술 후 눈이 보이지 않아
자꾸만 비관적인 생각을
하게 된다는 어르신을 만났습니다.

여든 고개를 넘어오는 동안
그분에게는 얼마나 많은 일이 있었을까요.

어김없이 내일로 가는 인생이
이야기든, 사랑이든, 꿈이든,
모두가 눈감을 수밖에 없는
'기억'이기도 해서 슬픕니다.

그래도 수술 후 눈을 보호하는
안경이 있어서 감사하지요.
지인들의 이름이 생각나지 않는다고 하셔서
이름이나 단어로 삼행시를 지으라고 했더니
금방 작문을 하시더랍니다.

상처받을 때마다

절망할 때마다
죽고 싶을 때마다
나를 보는 당신을 마주하는 의미는
기다려온 삶의 화두였습니다.

모두가 가슴으로 빛나는 시간을 보며
푸른 하늘을 만날 수 있으면 좋겠습니다.

사람의 평생이란
눈 깜짝할 사이에 피었다 지는

모든 걸 혼자서 안고 가기에 세상은 너무 복잡하고 사람들의 수명은 길어졌습니다. 김중혁 작가님의 말씀대로 소설 『데미안』은 청춘의 시기를 통과하는 내적인 성장소설임이 분명했습니다.

새는 좌우 날개의 균형으로 날 수 있는데, 소설 자체가 워낙 관념적인 내용이 많다 보니 한쪽의 날개로만 날고 있다는 느낌에도 공감할 수 있었습니다. 사람의 인생이라는 게 평생 아프고 성장하고, 배우는 여정이잖아요.

에밀졸라의 소설 『인간 짐승』과도 연결되었습니다.
'아무런 희망도 없이 확실한 거라곤 사람 사는 세상과는
수천 리나 떨어진 이 오지에서 살다 죽는다는 것뿐이다'

삶은 거대한 허무로부터 시작된 것일 수도 있으니까요.

거짓말 같은 어두운 요소도 길을 걷고 있는 내내 나를 지켜주기도 하고 무너지게도 하더랍니다.

사랑과 영혼, 소통과 단절, 관계와 고독함, 신뢰와 배신, 깨끗함과 더러움, 부끄러움, 성취와 좌절, 복수, 미련, 연민 등의 과정을 거쳐 가는 동안 소설 『데미안』의 인물들은 마지막 순간까지 두려움을 에너지로

바꾸기 위해 노력하고 있으리라 짐작해 보았습니다. 수많은 착각과 오류 속에서도 시간은 흐르고 삶은 계속되겠지요.

슬픔도, 절망도, 방황도, 지나간 것들 모두 '그리움'이라는 이름으로 남게 됩니다.

가진 바 씨앗을 뿌리면서

어제는 파란 작업복을 입은 60대 가장이 모친의 치료비 지원을 신청하기 위해 오셨습니다. 조금이라도 더 지원을 해 드리려고 고민을 했는데, 규정과 어긋나는 지점이 있었습니다. 사실 제가 만나는 다양한 사례들은 지침이라는 '책'을 보게 하지만 실제적이고 구체적인 부분에서는 고민해야 할 때가 많거든요. 그 부족함을 다시 사람에게 얘기해서 바로잡고자 하는 작은 노력을 했습니다.

다행스럽게도 제 서툰 진심을 읽어낸 사람이 있어 감사했지요._()_

축복받지 못했던 이 땅의 사람과 사람들 흔들리지 않는 단 하나의 믿음이 우연히 보게 된 '창문'임을 깨닫게 된다면 심장을 관통한 상처조차 언젠가는 명약이 될 수 있습니다. 누군가의 견고해 보이는 진지함과 성실함 속에서 조금 더 좋은 세상을 꿈꾸는 사람도 있을 거예요. 상호 간의 울림을 이야기할 수 있다는 게 축복이라는 생각도 하게 됩니다.

이동진 영화 평론가님의 추천으로 영화 『로스트 인 더스트』를 봤습니다. 쓸쓸히 한 세계가 지고 있는 영화였습니다. 우리가 살고 있는 세상이 벽지의 패턴처럼 일관될 수는 없겠지요. 밤의 사람들이 절규하는 어둠이 있을 것이고, 중앙보다 구석에서 뛸 때가 많을 것입니다. 인생 자체가 코미디와 스릴러가 엇갈리기에 한 방향으로만 힘을 주고 뺄 수도 없겠습니다. 자연의 풍광은 시적인 리듬인데, 사람의 이야기는 소설적인 비트로 대비되더군요.

형 태너가 동생 토비를 지키려는 의지조차도 많이 씁쓸하고 아팠습니다. 어긋난 사랑의 방식이 강해지는 만큼 상대도 점점 더 아프고 힘들어지니까요.

한재림 감독님의 영화 『우아한 세계』도 떠올랐습니다. 직업이 깡패였던 강인구가 자신의 가정을 지키기 위해 고군분투하는 것이나, 영화 『로스트 인 더스트』에서 토비가 자녀들에게 가난을 대물림하지 않기 위해 선택했던 고민이 결국 다르지 않더라고요. 자본에 의해 '사람'이 소외된 세계에 대응하는 방법은 매우 자극적이면서 비극적이기도 했습니다. 끝까지 가지 않는 사람은 끝까지 가는 사람을 이해하기 쉽지 않았을 겁니다. 토비를 보면서 예기치 않는 삶의 숙제들을 해결하기 위해 마음의 중심을 잃지 않음이 얼마나 어려운지도 알 수 있었습니다. 부디 '마지막 형제'가 후회 없이 그림처럼 남아주기를 바랐습니다.

감았던 눈을 와짝 뜨게 되더라도 당신 자신과 당신의 것을 구분하는 게 쉽지는 않지만, 시간의 흐름과 상관없이 길 위에서 마주 서 있겠습니다.

아무도 베어가지 않기에

사람의 본성에는
신성한 면도 있고,
파괴적인 면도 있지요

장자의 무위자연
지혜가 필요한 시기입니다
아무 쓸모가 없어
아무도 베어가지 않았기에
큰 나무로 자란다는
'쓸모없음'의 우화는
사람의 참된 본성을
일깨워주는 부분도 있더라고요

사람을 이롭게 하는
배움의 주고받음이
선순환되기를 바라봅니다

없는 기억

어김없이 내일로 가는

이야기라면
사랑이라면
꿈이라면

모두가 눈감을 수밖에
없는 기억이기도 합니다

창밖을 두드리는 소리 듣다가

점점 시간이 거꾸로 흘러가는데 무언가를 기다리고 있는 거대한 새처럼 무릎 사이에서 뜻을 만들어내려는 거예요. 눈 밝은 사람들은 이미 알고 있었습니다. 벽에 관한 대화는 안 통하잖아요. 우리가 바라보는 세상은 훨씬 더 우리에게 많은 이야기를 해 주고 있었습니다. '이야기'는 그 자체로 결핍을 지니고 있으며 역사적이든, 사회적이든 주변에 관한 생각들로부터 채워 받는 존재입니다.

누구를 볼 때 그렇게 시작을 하면서 말합니다.

"이름이 제일 무섭습니다."

"평생을 살아오면서 보고 배운 것들인 거예요."

이해할 수 없는 틈은 더 단단하지만, 무리를 하더라도 반짝반짝 새롭게 한 명 한 명을 부릅니다. 미스터 리 손가락은 움직여서 그냥 풍경만 들어앉혔는지도 모르겠습니다. 영화 「언노운 걸」의 제니가 생각났습니다. 연출적인 부분은 느슨해지는 감이 있지만 다큐멘터리 영화의 방식을 차용했다고 생각한다면 이해할 수도 있겠구나 싶더라고요. 추리장르물에서 바람의 열두 방향으로 어떻게 해결할 수 있는지 아는 방법은 행동적 수사든, 과학적 수사든 다양할 수 있겠지만 결국 손과 발의 부지런함이겠지요. 하나로 이어지면서 수많은 것을 보는 데 자체보다 가벼운 두 발이 나와 주변 인물을 지켜줍니다.

계속 숲이 되어주세요.

혀끝에 남은 물기까지 버리고 가도

워낙 수상한 인터넷 세상이지만 언젠가 하정우 배우님의 대본이라며 자료가 올라온 적이 있습니다. 빼곡하게 쓰인 메모와 너덜너덜해진 대본 종이가 인상적이었습니다. 그분은 정말 끊임없이 연기를 탐구하고 장르를 이해하기 위해 연기를 짜는 노력을 많이 하시더라고요. 현재까지 출연한 작품들의 질과 양을 인정받을 수 있었던 것은 별을 세는 만큼의 노력이지 않을까 짐작해봅니다.

새삼 역할의 중요성을 느꼈습니다.

말과 관련된 직업이든, 몸과 관련된 직업이든, 아니면 직업을 선택하려는 준비생이든, 세상과의 조화를 위해 사람들 저마다 자신의 자리에서 그 몫을 하는 게 중요하잖아요. 자신의 모든 에너지를 다 쓰는 것보다 어쩌면 관찰하고, 바라보고, 능청스레 삶을 지내는 연습도 괜찮겠지요.

그럼에도 불구하고 학생은 공부를 하고, 건달은 싸움을 하고, 소설가는 소설을 쓰고, 영화 평론가는 영화 평론을 하고, 배우는 연기를 하고 마지막 순간에는 허허로운 일이 될 수도 있겠지만 산세비에리아 한 그루처럼 서로에게 산소 같은 힘을 실어줄지도 모르겠습니다.

하늘과 땅 사이의 모든 꽃잎이 흩어져도

소설의 세계에서 만난 사람들은 하늘과 땅 사이의 모든 꽃잎은 흩어져도 다들 묵묵히 인생길을 걸어가고 있네요. 가끔은 자기가 원했던 어른이 되지 못한 채 엉망이 되어버린 자신의 삶을 발견할 때가 있습니다. 반성하고 후회도 해보지만, 가망 없는 희망에 대해서 콧등이 시큰해지기도 하지요.

최근 고레에다 히로카즈 감독님의 영화 「태풍이 지나가고」를 보더라도 어른이 된다고 해서 쓸쓸함과 외로움이 줄지는 않더라고요.

다만 오렌지 사탕이 두 개 붙여진 교회 홍보물을 받으면서 기분 나빠하지 않고 받아들일 수 있으면 작은 나눔에 관대한 사람이 되었구나… 라는 생각도 해 볼 수 있지는 않을는지요.

대부분 더 열심히 더 아름답게 살고 싶은 다짐만 하게 되는데 말입니다. 살아가는 일은 권태와 단조로움의 연속이지만 분명 마음속에 빛이 있는 사람들은 삶의 정점에 도달하는 순간까지 노력하겠지요.

언젠가 이동진 작가님께서 우리는 인생을 한 번밖에 살지 못하기 때문에 문학이 중요하다고 하셨는데요. 이청준 선생님께서 생전에 하신 말씀을 반복해서 떠올려봤습니다. '소설은 삶의 진리를 말하는 것이 아니라 삶의 진정성을 찾는 몸짓이며 다만 그 기호를 보여줄 수 있을 뿐이라고…' 삶의 길을 찾지 못할지라도 그 길을 나만 못 찾는 것이 아니라 다른 이도 헤매고 있으므로 그 자체에 대한 인식이 삶에 위안을 주는 것이라고 하셨습니다.

반짝반짝 눈가가 촉촉해집니다.
엄마라는 할미새가 멀어지는 내내
아기 새를 보고 미소 짓는 풍경이 눈에 그려져서요.

살아야 할 또 하루가 시큰거리고

이창동 감독님이나 한강 작가님은 작품들에 등장하는 주인공들의 고통을 온몸과 정신으로 함께 겪어내는 인상을 많이 받습니다.

영화「시」,「오아시스」,「박하사탕」,「초록물고기」

소설『여수의 사랑』,『그대의 차가운 손』,『채식주의자』

정말 대부분의 작품이 장엄하고 처절하지요. 연민의 시선으로 바라보는 예술가의 고뇌가 오롯이 느껴지는 작품들입니다.

소설『채식주의자』는 세속의 세계와 예술의 세계를 구분하고, 결국 예술이 있기 위해서는 세속의 세계에 대한 설정은 불가피했지요.

영혜가 폭력적인 현실 세계를 대응하는 방법은 매우 적극적이면서 비극적이기도 했습니다. 끝까지 가지 않는 사람은 끝까지 가는 사람을 이해하기 쉽지 않았을 겁니다. 극도로 쇠약해진 영혜가 의학적인 처치를 거부하면서 난동을 부리게 되고 그 모습을 바라보던 인혜, 그 마음이 그려지면서 이해되고 아파서 울었습니다.

사랑의 중심이 자신이 아닌 상대이기만 했던 인혜가 영혜를 연민으로 이해하고 끌어안은 그 순간은 큰 감동으로 다가오는 지점이기도 했습니다.

사람이라는 존재가 워낙 유약한 면이 많아서 상대의 은혜나 사랑 희생, 그 뒤에 상대가 나의 아픔에 숨죽이며 울고 있는지도 모른 채 스스로의 감정과 생각에만 빠져서 그것만 중요하다고 느낄 때가 있지요. 하지만 사람은 살아가기 위해선 공존해야 하기에 언어가 필요 없는 순간이 오면 그냥 앞에서나 뒤에서나 서로를 감싸 안을 수 있지 않을까요.

당신은 돌아눕고

현실 세계와 상상 세계의 경계를
한정 없이 찾고 있었습니다
미소 짓는 당신의 표정은
말이나 글로 표현할 수 없었습니다

사랑은 어차피 서로를
다 채워줄 수는 없는 것을 알지만
내가 채워주지 못한 것을
미안해하는 마음이었습니다

이렇게 넓은 세상에서
보이지 않는 끈으로
연결된 사람들이 있다는 게 신기합니다

수없이 무너지고 부서지면서도
돌아누운 당신을 위해
항시 애를 쓰고 있겠습니다

우표가 필요 없어요

마음에 품고 있는 것들은
깨끗한 우표가 필요 없이
깨끗한 안부만으로도
이야기가 심장 속으로 들어갑니다

많은 일을 경험하였고,
앞으로도 많은 일을 경험하겠지만
그럼에도 불구하고 사랑하며 살겠습니다

그대의 유토피아와
나의 유토피아가 다를 뿐
그저 은밀한 행복을 기원합니다

노래가 시가 되고
시가 노래가 되고
삶이 노래가 되는 그날이 오면…

가장 잘 어울리는 것

별 하나가 반짝이며 주문처럼 작용하는 수많은 곳이 있었습니다.

(구름의 양면을 보았어요)반복되는 일상을 도탑게 가꿀 수 있는 건 상대의 고유한 언어를 이해하는 마음이었습니다.

하고 싶어 하는 말은 작은 집으로 가게 됐을 때 발견할 수 있을 거예요. 관계라는 터널 입구를 지나면 알고만 있던 장미꽃 길과 초면으로 만나게 될지도 모르겠습니다.

세상은 저마다의 빛깔로 감사하고, 즐겁고, 기쁘고, 가슴 뭉클한 감정들을 나누고 있었습니다. 무엇이 최선인지 몰라도 당신에게 중요한 순간이 있습니다. 다른 이야기들에 비해 간절한 그리움으로 더 궁금한 것이 사실입니다. 어떤 생각으로 어떤 과정을 거쳐서 내 곁을 머무는지 알 수 없지만, 그것은 반가운 일이라고 할 수 있을 것 같습니다. 그래서 마음이 푸근해지고 따뜻한 분위기를 전해봅니다.

- 저도 그렇게 생각합니다.

삶을 엄밀하게 바라봐야 그 사람 인생의 떠남과 머무름을 알 수 있었습니다. 그때는 몰랐다고 해도 눈부신 시간을 살았다고 믿고 싶습니다. 이제는 잊었다고 하지만 시작부터 끝까지 가만히 안부만 묻고 싶기도 하거든요. 그 사람이 가지고 있는 가장 잘 어울리는 것들이 한참을 머물다 갔습니다.

따뜻하게 덮어주는 이름.
얼마든지 눈부시리*)=

영혼이 아파할 때

세속적 고문을 경험하신 적이 있으신가요? 거대한 일보다는 매일 반복되는 그 사소함이 더 힘들고 절망적일 때가 있습니다. 가장 강한 정서적 순간들은 막연한 관념에서 오는 게 아니라 생활에서 발견됩니다. 내가 바라는 것과 상대가 바라는 것이 충돌하고, 나의 정체성이 선명해질수록 빛보다는 어둠으로 더 깊숙이 들어가게 됩니다. 결국, 절망의 동굴에서 고문을 받던 영혼이 다시 살게 되는 이유는 '영혼' 그 자체이겠지요. 그 누구도 그것을 대신할 수는 없습니다.

허무를 긍정하다가 부정하고 싶어지는 하루였습니다. 그럼에도 불구하고 다시 새날이 오면 이 감당할 수 없는 힘을 가두고 달래면서 버티겠습니다. 삶이든 사랑이든 노력한다고 되는 게 아니고, 성장을 한다고 해서 지속적인 기쁨을 느낄 수 있는 것도 아닙니다. 우리는 이미 있는 걸 사용하는 헌 사람들에 불과하기에 글과 사람과 감정과 편지에게조차 속고 속임을 당합니다.

사는 게 점점 지상의 안개처럼 모호합니다.

그래도 저는 안개가 좋습니다.

그대를 공기가 되어 기다리겠습니다. 한숨이 아니라 깊은 들숨과 깊은 날숨이 있어야만 살 수 있으니까요… _()_

영혼이 아파할 때 II

속죄나 참회나 유사한 의미라는 생각이 듭니다. 시도 때도 없이 참회의 순간을 맞이해서 늘 괴로운 사람들도 있거든요. 그들은 밥도 잘 먹고 일상생활도 하겠지만, 그게 연기일 수도 있습니다. 버티고 지키다가 한 번에 무너질 수 있는데 정말 무섭고 두렵답니다. 실제 상황에 대한 지나간 기억들이 자신을 괴롭히는 걸 알면서도 그것을 끊임없이 정면으로 대응하는 사람들의 심정을 잘 모르시는 거 같아서요.

그들은 자기 위안 때문에 속죄를 하는 것이 아닙니다.

영혼이 처절한 사람들은 끝내 소설을 쓰지 못합니다. 상상이 아니라 실제이니까… 그리고 글에 던졌다고 해서 결국 낫지 않는다는 걸 잘 알고 있기에 '죄인'에서 '동물'로 갔다가 '사랑'이 되려고 했으나 자꾸 실패하는 사람으로 아프고 아파서 공간에 머물다 가네요.

꽃다발을 든 버스

여행 가는 장소의 선택적 기준에서 같은 곳을 여러 번 가기도 하고, 다른 곳을 한 번씩 다니는 경우는 책 읽는 것에도 대입할 수 있겠습니다. 마음에 드는 책은 반복적으로 읽어지기도 하고, 이 책과 저 책을 넘나들며 다양한 간접경험을 하게 되니까요.

돈과 시간이 없어서 가 보지 못한 곳 중에서 우유니 사막이 있었답니다. 김영희 피디님이 예전 「나는 가수다」 프로그램을 하시다가 힘들었을 때 떠나셨던 여행지였지요. 그곳을 '진실만이 남는 곳', '소금이 눈처럼 하얗다'는 표현도 하셨더군요.

이다혜 작가님의 인천공항 투어 일화는 영화 「터미널」의 포스터를 떠올리게 하기도 했습니다. 양복을 입은 한 남자가 여행 가방을 들고 포스터 오른쪽을 향해 서 있는 모습은 마치 포스터 안에 있다가 포스터 밖을 나가면 공간의 이동이 가능할 거 같은 모습이잖아요.

일상에 매여 있는 사람들은 실제로 종종 그런 꿈을 꾸거든요.

저자가 여행지의 기록에 집착했다고 말씀하셨지만, 방송 내내 여행 장소부터 치기 어린 무용담과 연계하여 매춘, 할례, 문화 상대주의까지 대화가 확장되셨을 때 여행의 종착역에는 다시 사람만이 남는구나…

넌지시 인정하게 되었습니다.

비록 위험이 있더라도 어떤 형태로든 보상이 있지만, 위험한 여행은 현실적 보상이 없다는 것을 강조하셨지요.

'인생에서 무엇을 지켜내야 하고 무엇을 버려야 하는가?'

라는 질문을 품게 해주셨어요.^^

오츠 슈이치 박사님께서 대신해 주셨습니다.

"자신의 마음을 속이지 않고
마음이 가리키는 이정표를 따른 인생은
세상의 잣대를 훌쩍 뛰어넘는다.
인생은 '앗' 하는 순간 지나간다.
중요한 건 자신이 진정으로 원하는 방향대로 살아가는 것이다."

서럽도록 푸른 자유를 그려봅니다

영화 「너의 이름은」은 정말 감동적이고 아름다웠습니다. 이동진 영화 평론가님의 말씀대로 안간힘을 지켜가며 저토록 상대를 찾는 일에 열중할 수 있었던 것은 두려움이 없는 사랑이 있기 때문이었겠지요. 그러하다고 믿게 되니 영화를 보는 중간중간 무작정 눈물이 줄줄 흘렀습니다. 묵묵히 상대를 기다리고 탐구하는 모습이 놀랍기도 하거니와 문득 그 또는 그녀에게 묻고 싶었습니다.

'무섭지 않았나요?'

소멸에 대한 화두를 끝없이 품고 가는 사람으로서 이번 영화가 제게 던진 질문은 별의 눈물처럼 단단하지 못했고, 호수 위의 돌처럼 크지도 못했지만 말입니다. 고개를 절레절레 흔드는 것보다 고개를 끄덕이며 계속 끄덕이며 결국 하나둘 믿음과 소망과 기다림을 쌓아가는 길을 선택하겠다고 다짐을 하게 되었습니다.

'비록 파괴되고 해체되는 순간을 보게 될지라도 서로의 이름을 불러주는 기적 같은 시간이 오는구나' 한 줄기의 빛이 사라지지 않는 가능성을 두고 희망으로 견딜 수 있음이 감사했습니다. 환하디 환한 슬픔이 눈물겨웠던 영화를 볼 수 있어 참 좋았습니다. 두 사람처럼 사람을 잃게 되는 두려움과 멀어지고 사람을 살리는 가능성은 키워가고 저마다 마음 속 풍경은 스스로 그려나가야 함을 더욱 절실하게 알게 되었습니다.

마음이 먼저 날아가네요.

작지만 반짝이던 순간을 떠올렸습니다

며칠 전 서점에서 허지웅 작가님의 책『나의 친애하는 적』을 만났습니다. 아픈 가슴을 깨물며 진솔하고 담백하게 쓰셨더군요. 허지웅 작가님은 수많은 아픔과 상처를 삶에 대한 성찰의 기회로 받아들이며 꾸준히 노력하고 있음을 조금은 알 수 있었습니다. 실존적 고통과 슬픔이라는 건 어쩌면 극복하는 것이 아니라 그냥 삶과 함께 가는 것이라는 생각이 들었습니다.

신의 하늘은 푸르지만 멀리 있고, 극악한 현실과 싸워야 하는 사람은 땅에 철저하게 가까이 있었습니다. 진정한 자유는 고통조차 받아들이는 겸손함에서 오는 건 아닐까 하는 반문도 해 보았고요.

책 속에서 '악은 그냥 발생하는 것'이라는 글귀가 마음에 들어왔지요. 그냥 발생하는 악함에 대하여 끊임없이 화두를 던지시는 인상도 받았습니다. 전체적인 글 분위기는 영화「인사이드 르윈」을 떠올리게 했어요.

'삶의 본질은 무엇인가?'

'사랑하는 사람이 있습니까?'

'청소가 공간을 완전히 이해하는 방법인가?'

사람이 경험할 수 있는 고독, 사고, 질병, 가난에 대항하는 수단은 참된 소통이 될 수도 있겠지요. 비루한 생의 단면들을 아름답게 승화시키는 과정은 책 속의 내용들처럼 주저하지 않고 현재에 주어진 모든 인연을 귀하게 여기며 열심히 살아가는 데 있을 것입니다.

시작부터 중요한 빛과 소리는 사랑하는 사람들의 마음이 먼저 만나는 곳 일 수도 있겠다는 생각을 했습니다. 상반된 태도로 두 사람이 얘기할 때 극장에서는 실패했지만 새삼 가짜 같은 위로의 소중함도 알게 됩니다. 김중혁 작가님의 책『가짜 팔로 하는 포옹』만 봐도 잊을 수 없는 사랑은 자기 파괴보다 자기 치유를 할 수 있으니까요. 가장 기본적인 것으로 모르던 사실을 밝혀내고, 각기 다른 시점으로 되돌려주는 숨결은 결국 비슷한 부분이 있는 문제의식에 있을 것입니다. 지금 다시, 세밀하고도 소중한 그림에 관하여 이제야 믿는 우리들이네요. 수심 200미터보다 더 깊은 마음으로 퍼지는 싸한 기운… 무수한 날개 짓으로 존재함에 감사할 수 있다는 게 얼마나 눈물겹고 아름다운 일인가요.

"달이 빛난다고 말해주지 말고,
깨진 유리 조각 위에서
반짝이는 한 줄기 빛을 보여줘라." - 안톤 체호프

예술의 확장성에 대한 믿음으로 함께 가겠습니다.
그대도 행복하세요.

배추꽃 피어 널리 두던을 노닐어

쉽게 예측하기 힘든 먼 동경의 세계를 허무함 대신 편안함으로 가득 채워주신 시간이었습니다. 밤이 되고 등불이 있었는데, 눈이 내리는 거리에서 창문을 연 상태로 있다가 콧등이 시큰해졌습니다. 별과 별이 빛을 향해서 각각의 안간힘으로 버티기를 하다가.

새로운 별을 만나 한없이 흔들리기도 하더라고요. 누군가를 돌보는 관계는 결국 절실함에 있더군요. 모두가 나름대로 고통과 상처를 안은 채 눈이 올 때를 그리워하고 하늘을 보고 나면 사라지잖아요. 살아가는 게 기억과 망각이 반복되는 과정이긴 하지만 소설 속의 그들처럼 누군가를 혹은 무언가를 간직한다는 건 중요하더랍니다. 우연한 만남에서 다른 것을 찾아보려 했지만 하얗게 방문을 기다리기만 했습니다. 우리가 살아가는 시대의 무게가 가볍지 않는 상황에서 문학을 통해 희망을 느끼는 게 쉽지는 않을 겁니다.

소설 『설국』의 서정적 허무주의를 읽어내면서 삶 자체가 품고 있는 질문과 반복된 일상들, 출구 없는 헛수고 등 제어하기 힘든 수많은 바닥을 만났습니다. 그럼에도 불구하고 계속 보듬는 과정이 필요하겠지요. 햇발처럼 행복한 날들 되세요.

계속 사랑하기 위하여

우리에게 다시 극장을 찾게 하는 힘이 있는 이동진 영화 평론가님과 김중혁 작가님의 대화 잘 들었습니다. 좁은 공간에서 많은 분이 아실 거예요. 등만 따라가는 힘든 삶의 이야기를 만들어 내시기도 하고, 멀리서 떨어지는 주제의식에 대해 서로를 감싸면서 알려주시는 모습들이 참 좋았습니다.

흔적조차 없는 두 개의 일을 시작하지만 얼마나 의미를 지니는지 의자를 끌어와서 보다 보면 그냥 지나가게 되는데요. 반드시 지켜야 할 원칙들이 현실과의 관계에서 아무리 달려봐도 결국엔 그 자리에 있게 되고 사는 게 그러하기에 다급함이나 절박함이 없었습니다. 남의 일 같지 않고 뒤집어 생각해보면 울분을 만나게 되니까 그러네요. 이동진 영화 평론가님께서 '모욕감'에 대한 언급을 하실 때, 손발이 더하기도 하고 의미를 드리워주시는 느낌이었답니다. 칸트의 정언명령을 직접 행동으로 보여주는 경우는 얼마나 있을는지요. 뇌와 마음에서 웅성거리는 이야기들을 모아 두었다가 펴지게 하는 노력이 쉽지 않다는 걸 어렴풋하게나마 알고 있습니다. 뒤집어 생각해보면 누워있는 것을 보고 불현듯 잘 활용해도 불의의 표정을 느낄 수 있었습니다. 오랫동안 예견되고 늘 가슴 한구석에는 사람이 얼마나 많은지 고민도 하게 되네요.

우리 모두는 「감시자들」이면서 '서도철'이면서 '강철중'이 될 수 있는 '그'이기도 하니까요. 겸사겸사 소풍도 잘 마치고 싶습니다.

가장 사랑하는 것은

뭔가 더 있을 줄 알고 나아가는 삶의 한 궤도에서 반짝반짝 낡은 것도 다듬어가는 여정이야말로 더 빛나는 게 아닐까 하는 마음이 들었습니다. 가장 좋은 친구가 늘 행운을 기억하라고 위로하지만, 앞일을 알지 못해 마음 아픈 일도 많았습니다.

갈수록 좁아지는 쪽으로 실패하면서 가슴이 무너지기도 했더랍니다. 그래도 운명의 달빛을 건져 올리는 노력이 보여줄 수 있는 건 진정한 공존과 소통이겠지요.

- 재구성된 배에서 만나게 되는데 더 그런 마음이 들었어요.

어제는 적극 도움이 필요한 60대 후반의 노인을 만났습니다. 사천 명이 넘는 인터넷 카페를 운영하면서도 정작 자신의 마음을 살피는 연습이 잘 안 되셨다고 인정하면서 반성하시더군요. 부족한 조언을 꼼꼼히 기록하시는 모습에서 모든 것이 담겨있는 작은 희망을 느꼈습니다. 꿈으로 이루어진 대화를 쓰는데 대화의 본질을 꿰뚫기 위해서는 중요한 게 있더라고요. 쇼크를 주는 무력감과 황당함을 다 알고서도 최후의 순간에 드러내고 싶어 하는 게 미움보다는 사랑이라는 깨달음이었습니다.

주제의 깊이를 추구하는 가장 극적인 순간은 지나가는 이야기 속에 숨어있는지도 모르겠습니다. 별거 아닌 거 같은데 '밤의 사람들'보다는 우리가 고립의 뒷면이 아닌 연대의 앞면을 선택하면 좋을 거 같아서요. 영화「보이후드」와 함께 김중혁 작가님이 강조하신 관계를 이어지게 하는 힘은 신영복 선생님의 말씀과도 통하는 지점이 있었습니다.

매 순간 미끄러지고 실패를 하는 일상의 연속이지만 그럼에도 불구하고 생각의 거리(street)에서 만난 소중한 인연에 감사드립니다.

당신 속의 나를 사랑합니다

김혜리 기자님의 글을 읽다가 울컥하는 지점이 있었습니다. 반려견 타티의 이야기였는데요. '그 개를 사랑하지 않기를 바란다.'라는 글귀가 반어적으로 들리더라고요… '너무 사랑해, 정말 사랑해'라고… 간절한 외침은 간절한 소망과 연결되기도 하는 것인지요?

사랑하는 사람과의 대화는 따뜻하고 좋아서 감정의 풍경들이 내 속에서 다시 뛰기 시작하는 거 같았습니다. 먼 길을 가야 하는 창문의 시대를 알 수 있었습니다. 제일 먼저 떠오르는 그 사람의 이름을 부르는 마음은 어떠했던 것일까요. 마지막 순간 입장의 차이보다 더 중요한 이야기가 시간을 대신합니다.

살아가면서 자신을 버티게 하는 힘은 결국 사랑하는 사람에게서 나오는 것이었습니다. 사람은 저마다 결핍을 지니고 있으며 다른 사람으로부터 그것을 채워가는 존재이기도 하니까요. 두 사람이 나란히 부를 만한 노래를 기약하며 웃을 때 기억날 정도로 외출을 계속할 수도 있겠습니다. 멀어지면서 넓어지는 사랑 이야기는 잠자는 무덤 속에 있는 것이 아니라 깨어있는 우주의 침대에 있었습니다. 성숙한 사랑은 서로 주고 싶은 것이 많아서 닫힌 시절에도 '살아있음'을 얻어가네요.

마음을 휘젓는 고통을 겪었지만, 더 신비롭고, 더 빛나는 좋은 사람과의 만남이 기다리고 있었습니다. 로맨틱한 상상의 날개가 어떤 극악한 상황에도 나를 지켜줄 수 있다면 얼마나 좋을는지요.

땅의 자유로움으로 하얀 비행선이 날아갑니다.

어둡고 긴 내면의 길을

괴로울 때는 뭘 하더라도 괴롭겠지요. 균열하는 존재들에게서 물방울 떨어지는 소리가 들리더랍니다. 왜 그런 소리가 들리는지 원인을 몰랐습니다. 기이한 이야기를 섬세하게 다시 구성할 수 있는 영화의 몫은 '고통'에 대한 화두를 온전히 품었을 때 가능하네요.

처절하게 고독한 사람이 상처받은 세계는 시간에 대한 믿음은 벌어지고, 공간에 대한 상실감은 점점 커져갔습니다.

절박한 사람에게 총 대신 펜을 건넬 수 있는 누군가가 있었다면 붉은빛이 아닌 노란빛이 기억 속으로 스며들 수 있었을 텐데요.

저물어 가는 시간에 기대어 서로를 생각하고 염려하는 말들을 조금씩 고백하는 연습을 해야 하겠습니다.

유한한 생의 언덕 너머 특별히 빛나는 것은 없지만 우리가 보고 싶은 것은 서로의 미움보다는 서로를 돋보이게 하는 예의와 애정인지도 모르겠습니다.

어둡고 긴 내면의 길을 계속 걸어갑니다.

지금 다시, 그 누군가를 위해

얼마 전 제게 화를 내셨던 분의 한 마디가 머릿속을 맴돕니다.

'여기는 학교가 아닙니다.'

인생 학교에서 펼쳐지는 인생 수업은 수많은 관심과 관찰의 과정을 거치면서 성공과 실패 사례가 계속되었습니다. 사는 게 힘들다고 얘기하면 안 힘든 사람 없다는 답변이 돌아올 때마다 서운함보다는 답답함이 더 커졌어요. 따뜻한 의미를 부여하는 사람이 되기 위해 모든 사건의 원인을 끝없이 두드려보는 여정은 누구나 해당될 수 있는 부분이기도 했습니다. 사람과 세상에 대한 두드림으로 일상 자체가 거대한 사건이 되기도 하더군요.

지금 다시, 그 누군가를 위해
몸의 언어가 아닌 하늘과 우주를 향해있는
영혼의 언어로 힘을 내겠습니다.

멍함은 거리를 재는 시간을 알려주는가

다르덴 감독님들의 시선을 따라가다 보면 나와 타인을 안정시키기 위한 뚝심 있는 의지를 느낄 수 있었습니다. 정말 중요한 것은 어둠 속에서 고개를 내미는 작은 기적들이었습니다. 누군가가 도와달라고 전화를 했는데 벽만 바라보는 상황이면 관심을 갖게 되잖아요. 버스 정류장에서 누구에게 물어도 모른 체 괴로워하면서 얼굴보다 등이 보이는 사람이 있었습니다. 세상을 무시무시하게 흔든 가해자에게도 분명 하루하루가 자연인 시절이 있었을 테니까요. 다만 귀 기울이며 열두 굽이를 또 하고 해서요.

영화 「내일을 위한 시간」의 산드라, 영화 「자전거 탄 소년」의 시릴,

영화 「아들」의 올리비에… 이들처럼 자신에게 찾아온 우연한 불행들을 극복하기 위해서 정말 중요한 것은 단순하고 부지런한 마음일 수도 있겠습니다. 행복의 그늘을 크게 만들려는 그와 그녀의 노력은 정말 가슴 뭉클하더라고요.

여전히 삶을 흔드는 질문을 계속하는 사람이 있었습니다.

'나약함을 어떻게 품을 것인가?'

'무기력함을 끌어당기는 밤은 어디의 밤일까?'

'멍함은 거리를 재는 시간을 알려주는가?'

우리는 결국 어떤 존재에 기대어서 살아갈 수밖에 없지만, 희망은 스스로 만들어가는 것임을 알고 있습니다. 반복이 되는 숙제를 영혼 속으로 함유하는 연습은 앉아서 할 수는 없거든요. 4미터 11센티미터보다 더 중요한 시선을 다시 생각해보는 날들입니다.

환상의 빛을 품고 있기에

"현자는 자기 자신과 신과 사물의
어떤 영원한 필연성에 의해서 의식하며
결코 존재를 멈추지 않고
언제나 마음의 진정한 만족을 누린다." - 스피노자

영화 「콘택트」를 보는 동안 행성의 그림자를 밟지 않고, 행성의 그림자를 따라갔습니다. 다시 아득해지고 막막해지는 느낌도 드네요. 영화의 비행 물체를 보면서 르네 마그리트의 「피레네의 성」이 떠올랐습니다. 지구라는 좁은 울타리 안에서 다양한 사람이 살아가야 하는 문제는 예술과 학문의 가치를 꾸준히 끌어안을 때 비로소 대안을 찾을 수 있을 거예요. 하늘 아래 구체적인 여러 가지를 상식적으로만 다듬는 게 어렵잖아요. 소통의 부재가 미스터리이고, 소통해야 하는 존재 자체가 서스펜스적인 요소였습니다.

지구와 지구 바깥의 세계와 풍경들, 그 안에서 사람의 존재론적인 불안감과 만남과 헤어짐, 야만성, 죽음, 숙명적인 슬픔이 있었습니다. 주인공 루이스의 여정을 따라가다 보면 의심 많은 길들이 사라질 것이라는 믿음이 있었거든요. 그녀의 불가능하게만 보이던 시도가 마침내 거대한 긍정의 결과를 가져오기도 하더군요. 그러나 결국 쉬운 선택을

한 마지막 연출은 한국 영화 「궁녀」가 생각나면서 아쉬움도 있더랍니다. 세상의 어려움을 해결하는 근원이 우로보로스적 신비한 힘이기만 하겠는지요.

과거이든, 미래이든, 가려진 시간이 아니라 함께하는 시간 속에서 사랑은 구원이었습니다. 영원한 현재를 위해서는 꿈보다 삶이 먼저네요. 죽는다는 사실을 알면서도 하루하루의 그 모든 것을 안고 가는 겸허함만이 상대의 마음을 움직일 수 있겠지요.

모처럼 비 소식이 있더니 비가 내립니다.

갑자기 먹구름이 몰려와도
환상의 빛을 품고 있기에
허락된 시간과 공간을 감사하며
더듬더듬 길을 걸어갑니다

강제하는 마음이 먼저 만나는 곳

잠시나마 감정과 관계를 정리한다고 할까요. 기억의 바다에서 간직할 사랑이 아련하게 떠올랐습니다. 내가 품고 있는 사람들과의 만남과 헤어짐도 끝없이 순환되었습니다. 상처를 주었던 일들을 경험할 때마다 '로스코 채플'에 가 있는 상상해보는 것도 괜찮더라고요. 심장을 조이는 긴장감이든, 멀어졌다가 가까워지는 위태로운 두려움이든, 삶을 문학으로 완성하기 위해 오직 소설에 초점을 맞추었던 작가도 있더랍니다.

주제를 품고 있는 소설이 끝날 때, 말하는 내용의 핵심이 그림자에 있는 경우도 있습니다. 휘청휘청 아슬아슬하게 지나가면서 사건의 이유가 현재 진행형이 되기도 하거든요. 시작부터 비워놓은 이 공간은 강제하는 마음이 먼저 만나는 곳일 수도 있겠다는 생각을 했습니다.

사랑하는 사람이 보이지 않을 때까지 손을 흔들어 주는 마음이 진정 사랑이겠지요. 진정한 복수는 내 마음을 밟고 무시했던 세상을 향해 더 자유롭고 환하게 자기 자신을 지키려는 노력일 수도 있겠습니다. 함께 살던 시절의 세계를 그려내는 풍경이 고요함이 되기를 바라봅니다.

'사랑하는 사람의 진짜 얼굴은 무엇인가?'

'그 또는 그녀의 얼굴은 우리의 영혼과 마음을 대신할 수 있는가?'

다시 질문을 길어 올려 봅니다.

수많은 채널을 돌리다가

무심히 흘려보냈던 삶의 소중한 순간들이

도달하기를 바라봅니다.

‘사랑해’란 말이 머뭇거리어도

가만히 생각해보면 기본권을 지키기 위해서는 ‘스킨십 있는’ 정책이 필요할 텐데요. 윤리와 원칙이 중요하지만 세심한 예외를 살필 수 있는 법률 전문가와 정책 전문가가 있으면 참 좋겠구나 하는 생각을 했습니다. 헌법에 나오는 단어들은 약한 사람을 보호하기 위해 쓰는 말이잖아요. 하지만 올바른 신념과 가치는 사람들이 많아질수록 이해관계가 엮이면서 충돌할 수 있는 예외 규정을 두게 됩니다. 낙관이 터무니없어야 한다는 자체가 가슴 아프지만 가난한 서민들이 탄핵이라는 법률 용어를 아는 것보다 텐트나 승용차와 같은 일상용어가 더 익숙해질 수는 없을는지요.

어쩌면 우리 모두가 변화를 위한 시험의 길 위에 있다는 생각도 해봤습니다. 사람 때문에 힘든 순간은 앞으로도 계속될 것입니다. 그냥 이렇게 ‘글마음’을 주고받음으로 견뎌내리라는 다짐만 해봅니다.

우리 지난날들이 메모지의 빛깔처럼
따스했으면 좋겠습니다.

| 2장 |

구름 그림자에서 당신의 목소리를 듣습니다

밤마다 하늘 높이 달로 뜨는 꿈

현재의 강남은 가난한 사람들이 한 평도 살 수 없을 거 같은 이상한 동네가 되어버렸지만 편안하고 한적한 시절도 있었네요.

근로소득으로는 절대 축적할 수 없는 부를 가진 사람들이 있잖아요. 사람이 일을 해서 돈을 버는 속도보다 돈이 돈을 버는 속도가 더 빨라지면서 양극화도 심해지고 갈등도 깊어지고 있습니다.

이동진 작가님께서 강남에 대한 사람들의 양가감정을 강조해 주셨는데요. 비록 물질적 불평등을 벗어날 수는 없겠지만 저자의 언급대로 우리나라에 이런 장소 하나 즈음 있으면 좋겠다는 생각을 했더랍니다. 그래도 숨결을 불어넣고, 아무도 쓰지 않고 즐길 수 있는 장소는 결국 자기 마음일 수도 있겠지요.

어제와 오늘 강남의 모습은 갈등을 가져오지만 오래됨과 새로움은 동전의 양면과 같을지도 모릅니다. 잠시나마 바위 골짜기가 사라진 도시의 새벽을 맞이하려면 어떻게 해야 하는가 고민도 해봤습니다. '천 개의 문과 만 개의 창'이 있는 은행에는 보행자가 많지 않거든요.

아무도 기억하지 않았던
그곳을 기다리며 다시 힘을 냅니다.

단 하루로 연결된 춤추는 집에서

빈 구석에 책을 놓기 위해서는 이상한 위로가 있고, 사람을 건드리는 힘을 찾게 됩니다. 그 사랑이 어떻게 다가왔는지 기억이 갖고 있는 느낌대로 노래를 나눠 부릅니다. 많은 것을 생각하게 하는 그림을 그려서 해가 지지 않는 바다가 보이게 되기도 하고요. 이동진 영화 평론가님께서 영화 「빌리 엘리어트」의 빌리가 분출하는 에너지를 설명하실 때, 눈물이 왈칵 쏟아졌습니다. 정말 중요했던 것은 우연히 만난 세월에 따라서 날아오르고 싶어 하는 놀라운 모험이 있더군요. 긴 시간을 다루는 계단으로 두 사람이 올라가면서 삶의 멋을 이끌어 내는 게 더 좋아졌습니다.

영화 「더 리더」의 한나가 선택했던 사랑은 일시적인 매혹이 아니라 영속성을 얻으려는 견고함이었기에 여러 가지 면에서 많은 것을 품게 되었습니다. 영화 「디 아워스」의 버지니아 울프와 로라와 클라라는 정신적인 고통의 길을 가면서도 바닥을 씻어주는 희망처럼 뭔가를 하는 거지요. 그때부터 시작되는 골목길만 하더라도 1923년에서 1951년, 2001년까지 시간이 흐르는 동안 책을 던져주면서 아래에서 만나기도 하거든요.

- 진짜 알 수가 없어요

영화 「디 아워스」는 영화 「그레이트 뷰티」의 권태와 영화 「인사이드 르윈」의 회귀와도 연결할 수 있을 겁니다. 푸른 바다처럼 상할 마음 하나 없는 올라가는 길이 부디 가려진 길이 아니길 바라봅니다.

발밑에 제 이름을 묻고

누군가의 비밀을 지켜주고 소원을 이루어지게 하는 건 신성한 일이라는 말씀에 울컥 목이 멨습니다. 진실을 캐기 위해서는 노력이 필요하니까요. 우리가 가보지 못한 곳을 대리 체험하는 누군가는 선악이 모호한 세계가 쉽게 안 잊혀요.

이 세상에 영원한 것은 없고 변하지 않는 것은 없다는 걸 계속 물음을 던지면서 진즉 알고 있었습니다. 생활 안에서의 영성과 하나 되어 가는 길, 일상이 사랑이 되어가는 과정은 훨씬 더 깊고 혼돈스럽고 건조하며, 고요하고 충실하였습니다. 신에 대한 믿음의 크기는 자기 마음의 크기일 수도 있겠지요.

인간이 끝까지 지켜야 할 가치가 무엇인지 저마다 다르겠지만 자기 자신을 속이지 않아야 함이 우선순위임을 기억해야겠더라고요. 깨닫지 못한 그것이 자신을 마음대로 하지 않도록 말입니다.

까마득히 먼 거리에서 소외되어 있는 상황에서도 진실로 다가가는 약속은 '저녁이 던지는 빛'처럼 중요했습니다. 사투를 벌이는 실존적인 질문은 믿을 수 없는 장벽이 생기기 전 아주 느리게 움직이고 있었습니다.

- 무엇을 어떻게 보여줄 것인가?

영화 「시카리오」의 케이트, 영화 「프리즈너스」의 켈러(문득 왜 영화 「룸」의 조이가 생각났을까요…), 영화 「그을린 사랑」의 나왈 등.

지금도 해결되지 않는 이야기는 많은데 그 순간 창밖을 보면 운명적인 것처럼 증언을 하기 위해 살기를 멈춘 사람이 있더라고요.

이동진 영화 평론가님과 김중혁 작가님을 만나면서 세상을 바라보는 시야가 넓어질수록 점점 더 모르는 게 많아지고 있습니다. 망설이다가, 망설이다가… 끝내 손의 움직임만으로 해결되지 않는 절름발이가 되고 마네요. 다만 자기가 뒤로 가장 하고 싶었던 하나하나를 위해 몸을 젖히는 이름 모를 꽃들이 있을 뿐입니다.

'두 분은 참 공간을 잘 쓰시는구나…' 감사하면서 저와 이야기도 다른데 '구원과 폭력'이라는 화두를 품으신 거 같아 공감도 할 수 있었습니다. 우리 안에는 꽃도 있고, 쓰레기도 있네요. 계속 스스로에게 질문하고 성찰하면서 우리의 폭력성과 비폭력성을 통찰할 수밖에요.

아픔과 한숨이 쓰러지는 그날을 기다려봅니다.

그날을 함께해요

언젠가 교육받으면서 들었던 이야기입니다. 말기 암을 선고받은 할아버지가 병동에서 큰소리치며 다니셨대요. '죽으면 아무것도 없다… 나는 겁나는 거 하나도 없다' 호스피스 팀장 앞에서도 당당하게 외치시던 분. 그런데 일주일 동안 거의 잠을 주무시지 않는 불면의 날이 계속되었습니다. 수면제를 처방해줘도 할아버지는 뜬눈으로 밤을 새우시고 결국 할아버지가 간호사를 부르더랍니다.

"자네는 알고 있다고 했지… 사실 나 죽으면 어떻게 될지 너무 두려워… 실은 그거 때문에 도통 잠이 안 와…"

겁나는 게 하나도 없다고 하시던 그분은 실제 속으로는 끙끙 앓고 계셨던 것이지요.

죽음이란 육신의 갈등에서 벗어나는 축복이라며 신앙이 주는 평화에 대해 말씀드렸고 세례를 받으신 후 처음으로 편안하게 주무실 수 있었어요. 그리고 다음 날 아침 돌아가셨다고 합니다.

마지막이라는 단어가 주는 허무함보다는 이 세상에서의 삶의 고귀함을 되새길 순간들이 우리는 얼마나 많았을까요. 죽음을 자연스레 일부분으로 받아들일 수 있다면 조금은 덜 외롭게 조금은 더 아름답게 생명으로 나아가는 길이 아닐까 생각했지요. 버려지고 찢긴 시간으로부터의 자유가 곧 기적이겠지요.

책이든, 영화든, 음악이든, 사람과 만나기 위해 태어난 예술로 모두가 더 깊어지고 행복하셨으면 좋겠습니다.

그 꿈을 믿어요.

그 날을 함께해요.

기쁨의 서사를 완성하는 산책

살아남다 보면 잊을 수 없는 진심도 있습니다. 그런 사람과 나누는 대화는 아주 오랫동안 기억에 남는 공기와도 같을 겁니다. 눈을 뜨면 생각으로 시작해서 눈을 감고 자는 순간에도 생각으로 이어지는 게 삶이랍니다. 흔들리는 마음을 매만지고, 서로를 위로하게 되는 지점들이 있어서 참 좋았습니다.

저는 최근 영화 「컨택트」의 서서히 가라앉는 밤에 유일하게 반짝이는 그녀의 모습이 무척 인상적이었습니다. 존재만으로 희망 같은 영화든, 사람이든, 그 소리가 집에서 들리게 될 때 '드디어 올 게 왔구나' 하는 마음을 갖게 됩니다. 우리를 멈추게 하고 되돌아서 뜬금없이 따라 부르는 노래는 어디에서나 필요하니까요. 김중혁 작가님께서 영화 「준벅」의 인상적인 대사를 설명하시는 부분에서는 라캉의 명제와도 연결되더군요.

'우리는 현실의 고통을 피해
꿈속으로 도피하는 것이 아니라
꿈이 실현되는 실재의 무대를 피해
상상된 현실 속으로 도피한다.'

어느 순간부터 일을 계속하면서 밀리지 않아야 하는 문 앞에 서 있습니다. 배가 가라앉을 때까지 은근히 소임을 다하며 사라지는 사람들은 다 그런 상황이라는 것입니다. 인생은 속절없이 흘러가 바로잡을 수는 없고, 다만 정리할 수 있을 뿐이니까요.

나이를 먹을수록 과거의 추억이나 감성이 새록새록 살아나기도 하지만 머무는 예술이나 시간은 없습니다.

각박한 현실을 견디게 하는 힘은 유사 감정을 찾아봐야 되는 의무감이 아니라 누군가와 기쁨의 서사를 완성하는 산책일 수도 있거든요. 구르는 돌처럼 어디로 갈까요? 포근해서 그리운 날들 되세요.

불안의 그림자보다 먹분홍빛의 날개로

집으로 돌아갈 때까지 혼자서 길을 걸었습니다. 이따금 길 위에서의 명상은 사람에 대한 그리움을 더 깊어지게 하거든요. 허은실 작가님의 말씀 하나하나 듣노라면 습기가 있는 기침을 뱉어낸 듯 서로 내적인 연결이 이루어진 느낌이 들어 참 좋았습니다. 이름 없는 존재들에 대한 믿음이 있었고, 삶이 부드럽게 넘어가는 슬픔에 대해 불안의 그림자보다 먹분홍빛의 날개로 시어들을 담아내셔서 고마웠습니다. 그리고 내내 슬픔을 끊을 수 없는 마음이 보였습니다. 어둠과 빛이 교대하는 세계의 틈에서 몸은 달라지고 거기까지 가야 하는 시인의 사명은 얼마나 절박한 마음이었을까요.

시를 잘 몰라도 세상에 나가려는 노력을 스스로 할 수 있었습니다. 누구나 기쁨과 즐거움 속에 감추어진 아픈 이야기들이 하나씩은 있을 테지요. 지나간 사랑을 회상하는 사람도 있을 것이고, 현재 그리고 앞으로의 사랑을 꿈꾸는 사람들도 있을 겁니다. 시간이 가르쳐 준 새벽의 단어를 진실한 마음으로 찾아가고 두드려야 하겠습니다. 우리 모두는 '바람 속에서' 잠깐 빛나고 가는 존재이기에…

소풍의 꿈

누가 부르는지
모르는 아이

친정 엄마에게 맡기고
엄마가 늦어도
이별을 피하고 있구나

정(情)이 잦다

빈방에서 봄이 오는 소리를 듣습니다

시간과 예술을 다루고 싶어 하는 자리에서 함께 만나볼 수 있는 일생으로 마음이 움직인다는 것은 어떠한 의미일까요. 큰 산을 향해 멀어져 가는 사람들은 어떤 무게를 짊어지고 있는지 바라보는 것으로 알 수 있었습니다.

변화를 일으키고 싶어 하는 인생의 가치는 자신이 꿈꿔오던 것을 노력하고 어쩔 수 없이 자기를 놓아버리면서 오랫동안 수련을 했을 때 가능하지요. 뇌와 마음에서 웅성거리는 이야기들을 모아 두었다가 펴지게 하는 건 쉽지 않았습니다. 문턱을 문질러 새집에 도착하는 일상은 시간 속에서 많은 약속이 오고 갔더랍니다.

아흔아홉 번의 인생을 사는 동안 아무것도 모르는 존재들에게 이제 뭐가 남았는지 한 번에 볼 수 있는 거울을 고스란히 안기게 되더라고요. 사람은 스스로 도울 수 있는 사람을 도울 수 있을 뿐이지요. 그 누구도 대신할 수 없는 자신만의 숙제가 있었습니다.

누구에게 물어도 모른 채 다시 일어나야 하는 게 삶이거든요. 세월의 단절이 아니라 세월의 흐름을 상상할 수 있다면 거울의 주변이 거울과 함께 밝아지고 아름다울 수 있을 겁니다. 머리부터 천천히 가슴까지 가는 여행은 그 자체로 또 다른 즐거운 시선일 수도 있습니다. 영화「보이후드」의 메이슨, 영화 「블랙스완」의 니나, 영화 「머니볼」의 빌리, 그들은 벽 앞에서 '내가 기록되는 게 좋을까'라는 고민보다는 언제나 나가기만 하면 되는 게 삶이라는 걸 보여주기 위해서 상황과 처지에 따라 영화와 어울리네요.

빈방에서 봄이 오는 소리를 듣습니다.

가장 사소한 시간에

봄볕이 너무 좋아 마음을 널어 말리고 싶은 날. 작은 일들이 크게 느껴지고요. 눈을 감고 밤이 오는 마을의 풍경을 그렸던 사람들이 떠오릅니다. 이따금 서로 다른 시간과 공간에서 비슷한 일을 경험하며 품고 가는 것이겠지요. 어쩌다 울컥하게 되는 부분도 있더랍니다.

일상에서 느끼는 많은 것들이 처음에 나오는 노래와 어깨동무해야만 웃음, 슬픔, 아픔, 기쁨 등 감정들이 나란히 달려가지요. 누구라도 들을 수 있게 만드는 힘은 약간의 긴장이 있고 각각의 추억이 있는 기차에 실려서 오거든요. 밝은 여름밤이든, 어두운 여름밤이든, 세상의 밝기와 상관없이 관계하는 사람들마다 나비처럼 날 수 있다면 얼마나 좋을는지요. 견고해 보이는 진지함과 성실함 속에서 조금 더 좋은 세상을 꿈꾸는 사람도 있을 거예요. 상호 간의 울림을 이야기할 수 있다는 게 빛이 있는 축복이라는 생각도 하게 됩니다.

삶을 달래는 데에는 이다혜 작가님의 표현대로 '가장 사소한 시간에 무엇을 부를 것인가?' 하는 질문을 품다 보면 갑자기 몰려나와요. 이 세계에서 문학은 오늘이 고달파도 보람찬 내일에 대한 희망일 수도 있겠네요.

겨울이라는 또 하나의 계절이 가고 봄의 문턱에 서 있습니다.

꽃을 안고 있는 사랑으로

사랑은 눈부신 햇살과 은은한 달빛처럼 삶을 견디게도 했다가 한순간에 아픔과 절망이라는 이름으로 다시 다가오고, 때론 너무 허무하기만 해서 모든 걸 놓아버리고 싶다가도 더 존재감 있는 상태로 나를 유지하게 만드는 알다가도 모를 그 무엇임은 분명하지요.

이제 막 이야기를 시작하는 점과 선으로 이루어진 인생을 통과할 수 있다는 느낌도 듭니다. 내 인생을 거쳐 가면서 작은 사랑이 다른 큰 사랑과 만나게 되면 더 의미 있는 일이 될 수도 있거든요.

김연수 작가님의 칼럼에서 '그들은 한 번도 동시대에 같은 나이 때를 살아보지 못한다.'라는 글귀에서 하루 종일 마음이 머물렀습니다. 천천히 내려놓음으로 우리에게 남은 삶을 이해의 문제로 가꾸는 노력이 필요하겠지요. 영화처럼 사람들도 서로의 이름을 부르며 기억의 영사기를 빛이 있는 방향으로 흘러가게 할 수 있었으면 좋겠습니다. 나를 닮은 이는 자신이 가진 것 중에 가장 좋은 것을 나누면서 나와 사람들을 위로합니다.

절실한 진심은 내 인생을 거쳐 가면서

꽃을 안고 웃는 사랑으로 완성하겠지요.

오늘은 바람이 불어도 햇볕이 좋았습니다.

언젠가는

달빛 속에서는
침묵의 입
별빛 속에서는
거짓말의 눈

그 봄은
이 봄은

마음을 매만지네요

새벽의 이해

결국은 돌아오게 된
약한 순간들은 얼마나 많을까요?
누군가에게는 오래된 것들 위로를 하고,
누군가는 위로받는 세상입니다

당연한 시간은 없었습니다
우리를 붙잡고 있는 건 안정보다 혼란이지요
나눌 수 있는 세계가 있음이 감사한 날들입니다
더 아름답게 피었다 지는 꽃이 되세요

생의 구 할의 고통을

밤이 어두웠는데 무언가를 기다리고 있는 동안 반벙어리처럼 귀머거리처럼 보내지 않게 해 주시는 그대의 노력이 고마웠습니다. 상처끼리 연결되는 한정된 세계에서 다시 시작할 수 있는 그 말만 들어도 어떤 마음을 갖고 있는지 맞을 때가 있습니다. 고여있는 공간은 멀리 갈수록 좋은 거잖아요. 내가 겪어보지 못한 세계는 간신히 빛을 약속한 상황이라서 어렵기도 하지요. 바다에 같이 가자고 했을 때, 가장 반짝이는 사랑보다 먼저 배우는 고백은 더 안으로 들어가야 되는 속성도 있습니다.

계속 달려 봐도 그 자리에 있게 되지만 궁금한 점을 몰두하게 되는 순간 그 노래의 의미도 생각하지 않고 무덤덤하게 아무도 안 내리는 거예요. 인생에서 가장 중요한 것은 소유가 아닌 함유일지도 모르니까요. 영화 「여행자」의 진희는 영화 「필로미나의 기적」의 필로미나를 만났을까요? 아니면 그녀처럼 되었을까요?

김연수 작가님의 칼럼에서 '그들은 한 번도 동시대에 같은 나이 때를 살아보지 못한다.'라는 글을 읽었는데요. 고통은 용서를 끌어당기는 힘이 있다는 생각도 했습니다. 자신이 보던 것에서 허물어지는 침묵 대신 챙겨주는 진심이 깃들기를 바라봅니다.

눈먼 상태로 다리를 건너다가
우리들의 기쁨과 슬픔이 채워지기 시작했습니다.
생의 구 할의 고통을 잘 발효시킬 수 있도록 도와주는
마음의 공간에 비가 내리고 있네요.

어둠을 신고

고통을 극복하는 힘은
결국 나에게 말을 걸 듯
마음으로 바라는
잔물결 소리이기도 합니다

세상에서 가장 흔들리는
소년 역시 어둠을 신고
무슨 일이 있어도 사랑을 위해서라면
섬세하게 지속 가능한 힘이 있습니다

아름다운 이 세상
마지막 순간까지
결국 나에게 말을 걸 듯
마음으로 바라는 사랑으로
그대와 함께하겠습니다

봉인되어 있는 삶의 중요한 본질을

혼자 남은 사람에게 꿈의 세계를 건드려주는 이동진 영화 평론가님과 김중혁 작가님의 대화 잘 들었습니다. 몇 시간밖에 안 지났는데 누군가가 더 생각하는 별을 바라보며 어디에 서 있는지, 어떻게 살아야 하는지 사람으로 살아있음을 도와주시는 거 같더라고요. 생기 없는 슬픔을 찬란한 금빛으로 만들면 만들수록 선의로 자기 인생을 잘 그릴 수 있을 거예요. 대부분의 사람은 재는 대로 추측할 뿐이지만 봉인되어있는 삶의 중요한 본질을 찾았으면 하는 바람도 가져보네요. 다르게 흐르는 시간을 자세히 검토하다 보면 우주에서 인간을 발견할 수도 있겠습니다. 대부분 살면서 자신에게 날아오는 비극에서 할 수 있는 게 없잖아요. 하지만 기본적으로 개인 내면에 있는 행성은 비극에서 희극으로 뒤바뀌는 기적을 만들 수도 있겠습니다. 믿고 싶어 하는 일을 해야 하고 참 손이 많이 가는 사람이지만 차원을 넘어가는 사랑과 계속 기다리는 마음만큼은 볼 수 있답니다.

영화 「인터스텔라」의 쿠퍼가 만났던 밀러 행성, 영화 「마션」의 마크 와트니처럼 한 점의 시작은 유한하지만, 무한의 신비를 알아가는 과정은 중요한 심정이 담겨 있습니다. 사람마다 현재의 삶에서 경험하고 있는 사건이 하나의 상징성을 가지고 있듯이 영화와 음악과 역사와 문학을 아우르는 아름다운 상징성을 저마다 가질 수 있으면 참 좋겠구나 하는 마음이지요. 익스플로러 11호를 띄웠더니 창이 열렸습니다.

일생은

부담을 극복하는 힘은
결국 나에게 말을 걸 듯
마음으로 바라는 글이기도 합니다.

빛과 바람이 통하는 집에서

오랜 시간 동안 다시 가보게 되는 마당 있는 집에서, 빛과 바람이 통하는 집에서, 놀이터 같은 집에 있었습니다. 달이 차고 기울 듯이 목련이 피고 지는 풍경에서 시선을 따라갈수록 더 따뜻해지잖아요.

따뜻한 봄이 되고 완전히 빛을 가리는 사람들을 만났습니다.

그 길을 걷고 있는 기본적인 마음은 어디에도 영속되지 않는 담담함에 있는 거 같더라고요. 소문 속의 사람은 구불구불한 길을 함께 걸어야만 알 수 있었습니다. 삶은 너무나 길어 보이고 수많은 시행착오를 거치겠지만 섬세하게 다가가다 보면 사람과 세상을 좀 더 긍정적으로 바라볼 수 있을 거 같아요. 자기가 기억하고 있던 리듬에 몰두하게 되는 순간 그 노래의 의미도 생각하지 않고 나무에 대한 숨은 의미를 발견하게 됩니다.

봄비가 오고 나면 자전거 타기도 좋겠습니다.

벨이 울리는 동네에서 천천히 스미는 선물을 두고 갑니다.

다시 호명하는 힘으로

이동진 작가님과 김중혁 작가님의 대화는 샛별도 등대라고 길을 찾을 수 있도록 작은 고마움부터 나눠주시는 느낌이 듭니다. 잘 달리는 사람들은 이유도 없이 과거로 넘어가기 때문에 현재를 잘 생각해야 하더랍니다. 평생 동안 이야기가 커지다 보면 부드러운 이름이 되잖아요. 삶이 곧 그 사람이 되고, 다시 사람에서 삶을 보게 되는 순간들도 있습니다.

생의 본질이 바닥까지 드러날 때까지 소명을 다하며 사라지는 목숨들을 보면 숙연해집니다.

묵묵히 견디는 존재들이 얼마나 많을는지요.

소설 『한 톨의 밀알』을 읽으면서 '달빛이 환하게 비추었다'라는 글귀를 읽다가 영화 「문라이트」의 샤이론이 생각났습니다. 무고가 자신을 마지막까지 지켜내는 모습에서는 영화 「쇼생크 탈출」의 앤디가 떠오르기도 하고요. 구원과 믿음을 구체화하는 방법은 결국 사람마다 다르지만, 음악을 들으면서 가능해질 수도 있겠습니다. 장벽이 있는 감정은 속절없이 흘러가 바로잡을 수는 없고, 책상을 밟고 정리할 수 있을 뿐이지요. 약간 다른 듯한 창가에 서 있으면 어떻게 해야 할까요?

사랑을 소유하지 않고

사랑을 간직할 수 있기에

기본적인 손은 이웃을 위해 나눌 수 있습니다.

사람은 자주 고여 있을 때도 있지만

길고 느린 시간을 소망으로

다시 호명하는 힘이 있기를 바라요.

믿음의 의미

가려진 시간이 아니라
함께하는 시간 속에서
별과 신과 사람은 하나입니다

상처받을 때마다
절망할 때마다
죽고 싶을 때마다

별이 될 수 있다는
믿음의 의미는
반짝반짝 빛나게
살아있음의 화두였습니다

무궁화 꽃이 필 때까지
가슴으로 별을 보며
빛나는 그대를
만날 수 있으면 좋겠습니다

꽃은 봄이면 다시 살아나지요

수많은 시간 속에서 살아남은 것은 결국 사랑과 예술이었습니다. 쓸쓸한 사랑의 관계들은 거짓말처럼 어디를 가도 끝나버리고, 아무리 기다려도 앉아 있기만 하고 표정이 없는 가운데서 일하고 있었지요. 서로 사랑하지만 약한 마음이 다치고 그 마음을 더 생각하게 되면서 어느 순간 가슴 한편이 아리고 서늘합니다. 김중혁 작가님께서 '언뜻 비치는 봄'을 얘기하시는데 허은실 시인님의 시집 『나는 잠깐 설웁다』도 생각납니다. 지나고 생각하면 세상에 내려앉은 묘한 슬픔은 계속 유지되고 있다는 느낌도 든답니다.

이동진 영화 평론가님께 묻습니다. 영화 「아비정전」 아비의 퇴폐미는 영화 「파이트 클럽」의 테일러 더든이 동경했던 퇴폐미였을는지요? 그리고 영화 「패왕별희」 두지의 거울은 영화 「블랙스완」 니나의 거울과 무엇이 다른지요?

보여주는 이름을 볼 때마다 문을 두드리는 거지요. 어디를 가도 수정할 수 없기 때문에 영원의 대비는 보기가 힘들어서요. 사랑이 사라진 자리에서 잊지 못할 노래를 생각한 시간은 느리게 흘러서 아주 잠깐 가슴이 먹먹해졌습니다. 마음속 깊이 들어온 삶의 무게는 그대로 이야기할 때에도 비워야 가벼워지더라고요.

꽃은 봄이면 다시 살아나지요.

담백한 걸음걸이로 공간을 분실하는 것보다

사랑을 다룬 영화들은 판타지적인 요소가 분명 있습니다.

어두운 기운을 다시 보고 싶은 마음으로 채우는 명과 암이 이루어진 세계일 수도 있으니까요. 서로에게 호감을 느끼지만, 착각을 하거나 잘못 아는 경우가 많아집니다. 하나로 이어지면서 수많은 것들을 보는데 차체보다 가벼운 두 발이 나를 지켜줍니다. 차를 마시기 전 한 사람이 꿈을 꾸고 반복해서 들려줍니다.

- 내 친구의 집은 어디인가?

사랑을 이루는 것은 극적인 대화가 아니라 순수한 애정도일 수도 있지 않을는지요. 물 잔이 비워질 때마다 물을 담아와서 물 잔을 채워주면 마음이 움직일지도 모른답니다. 담백한 걸음걸이로 공간을 분실한 것보다 서로가 서로에게 가고 있는 감정과 길 위의 감정을 함께 상상해 보는 것도 참 좋겠다는 생각을 했습니다. 영화를 통해 드러나는 사랑은 미끄러지기도 하고 좁혀지기도 하고, 무심하게 확장되기도 하더라고요. 죽음을 마주한 상황에서도 시작을 하고 사랑에 집중할 수 있다는 게 감동적이었습니다.

사회적 관계가 요구하는 역할을 연기하는 긴긴 하루는 슬프네요. 그럼에도 불구하고 모두가 자신만의 방법으로 이성과 감성에 날개를 달아주는 연습을 하다 보면 낯선 일상을 어루만질 수 있을 거예요.

산으로 올라갈 때 절실합니다.

그래서 꽃다발을 든 사람은 최선을 다합니다.

서로의 약한 마음을 더 생각하게 되면서

영화 「맨체스터 바이 더 씨」 리의 얼굴은 마지막까지 무표정하였습니다. 리는 갑작스레 생긴 일을 해결하지 못한 채 몇 푼의 돈을 모으고, 새끼와 사랑과 꿈과 죄를 두고 살아가고 있었습니다. 그의 삶 곳곳에서 서늘한 공기가 느껴졌습니다. 아무리 일상을 단단하게 붙잡아도 매서운 기억의 고통은 수시로 안으로 들어오데요. 리가 조카인 패트릭에게 장례식에 관한 대화를 나누면서 결국 그것은 네 아빠가 아니라 시체에 불과하다고 냉소적인 응답을 하는 장면이 무척 인상적이었습니다. 불확실성으로 가득 찬 리의 하루는 선명한 얼룩과 막연한 거룩함으로 완성되고 있더라고요. 마음의 소용돌이를 일으키는 불행한 사건들을 경험하더라도 떠나감보다는 돌아옴이 더 중요한 거 같았습니다.

망설이다가
후회하다가
분노하다가
부끄럽다가

자신의 인생을 바라보는 시간이 깊어질수록 드문드문 자신의 진실과 마주하게 되거든요. 패트릭이 나뭇가지를 들고 땅을 파는 시도를 한두 번 하다가 이내 포기해버리는 순간에서는 희망은 쉽게 이야기할 수 있는 게 아니라는 생각도 들었습니다.

누군가에게 과거가 된 바다

누군가에겐 미래가 될 바다

패트릭이 뜻대로 되지 않는 상황과 현실을 인정하고 먼 훗날 그 시절을 회상하면서 얘기할 날이 오겠지요. 지나고 생각하면 세상에 내려앉은 묘한 슬픔은 계속 유지되고 소멸하고 순환하는 과정을 거치네요. 다만 서로의 약한 마음을 더 생각하게 되면서 있는 그대로 이야기할 수 있을 때 한 사람의 생은 고스란히 다시 살아나게 됩니다.

행복이란

인생이라는 마라톤을
하고 있는 동안
사랑하는 사람을
떠올리며 음악을
선물하고 싶은 진솔함
그 진솔함으로
마라톤을
완주하려는 성실함

진실과 성실이
만나서 이루는
순수한 형태
형태가 아니어도
그냥 좋지요

모임

봄은 흩어지고
그리움은 모입니다

사람이 안고 궁그는
꿈은 다르지 않으니

규격화되어 있는 수많은 스타일보다 감정을 흔들리게 하는 구멍과 위기를 드러내는 현의 소리가 훨씬 더 인상적일 때가 있습니다. 가장 늦은 순간 날지 못하는 새는 공원 앞에 앉아있더랍니다. 살아지는 일을 그대로 보게 되는데, 그중에서도 어깨를 보는 하나의 눈짓은 앞에서 할 수 있었습니다.

열린 창문으로 만들어내는 꿈의 실현은 결국 절박함과 모호함과 희미함과 뚜렷함의 총합이라는 생각이 들었습니다. 아무런 희망도 없이 갇혀있는 곳에서 빈 공간을 쓰는 방법을 그대로 보게 되더라고요.

'어떻게 여백을 봐야 하는가?'

'편안하게 언덕에 있는데 비가 쏟아지는 이유는?'

위기를 말하면 안 되고 마음이 아름답고 오랜 거기로 길을 만들어갑니다. 정해진 칸, 그어진 선 너머를 상상할 수 있는 사람은 행복한 거 같아서요. 성찰은 예술을 통해서 구현되기도 하고, 예술은 성찰을 통해서 더욱 그 가치가 빛나기도 하네요. 영화 「싸이코」든, 영화 「새」든, 시공을 넘나드는 존재는 앞으로만 나가고 물러섬이 없잖아요. 노먼 베이츠를 만나는 순간 멜라니와 탈출할 수도 있지요. 가장 사소한 시간에 희망을 주시는 분들 감사합니다.

몸의 어떤 공간은 문턱이 없어지고

자기가 알고 있는 어떤 일이 막혔을 때, 결국 진실을 쌓아가는 길이 더 중요합니다. 전화든, 타자기든, 펜이든, 모두가 알고 있다고 생각하지만 굳게 닫힌 이름들을 기억하는 노력이 필요합니다. 열심히 살고 이룬 것을 나누는 검은색 볼펜은 여러 번 고칠 때 알지도 몰라요. 각각의 관계 속에서 겪는 섬세한 차이를 어떻게 이어나갈 것인가가 고민하네요.

다리를 떠는 현장이 크게 보이고, 다음 날은 마음이 약해지고 절대 물러서지 않을 거 같은 피곤함이 있습니다. 그래도 단 하루로 연결된 어떤 경로에서 몸의 어떤 공간은 문턱이 없어지는 거 같아요. 누구를 바라보면서 무늬를 쓰게 되기까지 허락을 받은 인생이 하나로 모였을 때 가능했습니다.

정의로운 세상과 정의로운 사람을 향한 이 모든 일이 아직도 진행형입니다. 숨어있는 진실과 고군분투하는 그 누군가가 있다면 발목 주무르며 세상 뒤돌아 잠시 쉬어갔으면 하는 바람을 가져봅니다.

다른 창가에 서 있으면

사랑은 자주
고여 있을 때가 많지만
약간 다른 듯한
창가에 서 있으면
길고 느린 시간을
소망으로
다시
호명하는 힘이 있습니다

사그라지는 선택은

친절한 설명으로 떠나온 세계와 살아갈 세계를 이해하다 보면 처음부터 그곳에 가기 위해 교회에서 사람을 만나게 됩니다. 사랑을 찾아서 좋아했던 거 같아요. 어쩌면 그다음 이름이 가슴에 박히어 통증을 유발할 수도 있겠습니다. 오해와 기만으로 닫힌 사회에서는 햇살이 엷어질 대로 엷어져 다친 사람을 바라보기만 할 때도 있더라고요.

아무것도 없이 떠남을 준비하는 고개 숙인 남자는 이야기가 숨겨진 숲에 있다 보니 점점 고민이 많아집니다. 잠시 울컥한 마음도 들었습니다. 문득 영화 「레버넌트」의 처절한 풍경들이 떠올랐는데 그래도 문을 잠그고 나갈 수 있는 방에 있었네요. 아무도 보지 않지만 노랗게 물든 영혼들은 서로 잘 어울리는 길이 있습니다. 하나의 죽음은 확실하고 또 다른 죽음이 있음은 물질세계의 진실에 대한 근원적인 질문일 수도 있겠다는 생각이 들었습니다.

'관계에 대한 착각과 속임, 어긋남에 대한 변주를 순탄하게 흘러가게 하기 위해서 사그라지는 선택은 어떠해야 하는가'라는 화두도 품게 됩니다.

바람에 섞여 오는 진한 목소리에 집중해봅니다.

그리워하는 근원을 찾을 때마다

현재를 살아가는 사람들에게 이야기의 숨결을 마음으로 불어넣어 주시는 분들을 만났습니다. 소설은 사람을 끌어당기는 힘이 있어야 하고, 우리에게 남은 삶을 신뢰의 문제로 가꾸는 노력이 필요하다는 것으로 들렸습니다. 섬세하고 복잡하게 뒤얽힌 사건들이 끝이 아니었어요. 세상에 존재할 필요가 없었던 어떤 사람은 좋아하는 게 많아지고 그리워하는 근원을 찾을 때마다 하루 종일 마음이 머물렀습니다.

시대적 가치와 개인적 가치는 다르지 않았습니다. 이미 커지게 만드는 문화라는 게 감출 것은 감추고도 가장 긴 행간의 시간이 되기도 하거든요.

이동진 작가님께서 인권 문제와 윤리 문제를 말씀하실 때 영화 「7번방의 선물」도 떠올랐습니다. 거친 연출의 아쉬움은 있었지만, 사형 제도 폐지와 같은 중요한 문제를 언급했기에 충분한 가치가 있다는 생각을 해봤습니다. 그러고 보니 영화 「데드 맨 워킹」도 있네요.

관계 속에서 어떠한 사람이 되어야 할까요?

우리가 살면서 알게 모르게 범하는 오류는 얼마나 많을까요. 믿을 수 없는 사건들, 누군가에게는 지나가 버린 아주 오래전 일이겠지만 누군가에게는 그것이 현재일 때도 있었습니다. 보지 못한 걸 봤다고도 하더랍니다. 가장 기본적인 것으로 모르던 사실을 밝혀내고, 각기 다른 시점으로 되돌려주는 나눔은 결국 비슷한 부분이 있는 문제의식에 있을 것입니다.

사고가 났을 때 핵심은 말하는 내용보다 그림자에 있는 경우도 있습니다. 누군가는 휘청휘청 아슬아슬하게 지나가면서 그 말을 끝내 못합니다.

- 원래는 하나였어요

소녀의 마음이 환하면 세상도 환해지고 깨끗해지겠지요.

그 표정

한 시절
하얀 사랑을 통해
덜 힘들 수도 있구나
위로받으니

그 겨울
그 표정
같은 마음이 드네요

열린 눈으로 펀치를 이해해요

지난주 한국 시각장애인 연합회 직원에게 상담을 받으면서 가슴 뭉클한 신호를 느꼈습니다.

눈으로 볼 수 없는 만큼 온몸이 귀가 되어 세상의 수많은 정보를 들을 수 있다고 환한 목소리로 답변하시더라고요. 약해지는 감각만큼 예민하게 발달되는 부분이 소리와 촉감이라고 하시더군요.

한 발자국 물러난 캄캄한 어둠 속에 서서
사람으로 선택할 수 있는 가치가 무엇일까요?

우리가 사는 세계의 숨어있던 이야기들을 저마다 하나씩 꺼내 보면 우주에서 운석이 떨어지는 순간처럼 그 고유함을 그대로 간직하기도 하고, 땅에 살던 에오마이아처럼 기록만 남아있기도 합니다. 다시 이야기만이 할 수 있는 질문으로 관심을 바꾸는 믿음이 있습니다.

바늘구멍 저 너머의 세상에서
좋은 친구를 만나는 시간이 새롭지는 않지요.
소유적인 삶보다 존재하는 삶에
가치를 높일 수 있도록 마음을 함께합니다.

결별을 이룩하는 축복이 오기 전까지

누구도 캐내지 않는 바위처럼 생각지도 못했던 일들은 경계가 없습니다. 순수한 유희 정신은 빛이 있는 방향으로 흘러갑니다. 이동진 영화 평론가님께서 강조하신 것처럼 이질적으로 뒤섞인 것들이 진실로 온전해지기란 얼마나 어렵고 그 진실을 체득하는 과정은 또 얼마나 어려운지요. 터무니없이 크게 웃는 순간들은 하늘과 구름이 달리는 익숙한 장소에서 상대의 마음을 찾을 수 있기 때문에 가능합니다.

소통이 제대로 이뤄지지 않지만 넓어지면서 멀어지는 이야기는 웃으며 인사할 수 있는 여정에 있더라고요. 여전히 삶은 후회와 아쉬움의 진행형이지만 결별을 이룩하는 축복이 오기 전까지 예술은 사람들을 유쾌하게 해 줍니다.

비스듬하게 차츰차츰

숨을 찾겠습니다.

눈을 감지 않고 노래가 들리네요

새벽 늦게까지 우리의 세계를 멜로디의 형태로 추억할 수 있다는 것은 아름다운 일임이 분명했습니다. 그 속으로 들어가서 하고 싶어 하는 말들은 사람들의 사랑을 좋아하고, 작은 마을에 가게 되었을 때 발견할 수 있을 겁니다. 인생의 멜로디를 바라보는 문제는 종이 너머로 구분할 수는 없겠지요. 밤마다 결정하는 온도가 시간 속에서 소리 나는 경우도 있습니다. 가장 깊은 감정을 다짐하는 변신은 처음부터 하는 거 맞아요. 세대를 나누는 음악은 우리가 알고 있든, 모르고 있든 동그란 이야기들을 조화롭게 묶으면서 완성되는가 봅니다.

달팽이는 누가 봐주지 않아도 이 세상 아침을 더디게 가는데 말입니다. 긴 밤 지새우며 살아있다는 증거는 비슷한 부분에서 나는 경우도 있습니다. 한 사람의 느낌이 들고 있습니다. 중간중간 돌아서 나오거든요. 이리저리 둘러봐도 제일 좋은 건 이상하게 데려온 음악들이라는 걸 알고 그리워서 더 행복하고 행복해서 더 그리워할 수 있기를…

눈을 감지 않고 노래가 들리네요.

사랑과 고요가 연결된 집에서

하늘, 햇빛, 바람, 들판, 조명, 아침, 그대 등 이런 말들이 가까이 오는 시간에 있었습니다. 사랑이 병에 들면 마음속에 있는 말들이 어두컴컴한 곳에서 엉금엉금 바닥을 기어 다니는 경우도 있겠습니다. 그 사이에서 키를 한 번 흔들어 즐기고, 그러면서 비슷하게 남아있는 서늘함은 모두 잠든 터널 밖에서 실감하게 되지요.

낮에 달려갈 수 있는 본능은
아픈 가슴을 깨물며 쏟아지기도 합니다.

사랑을 하는 동안에는 평온함보다는 힘겨움이 더 많습니다. 말라가는 생각이 벌어지는 순간 나 없이 상대가 살 수 없기를 바라는 감정을 느낄 수도 있겠지요. 사랑을 시작할 때에는 서로가 시간에 대한 자신감을 가졌으나 기대와 사실이 뒤섞이면서 결국 사랑의 역사를 모두 잃어버릴 때도 많더랍니다. 실제 사람들의 담담함에 가려진 사랑의 표정들은 얼마나 격분해 있을는지요. 집중적으로 발견한 가방이 가까이서 보면 아픔을 유발할 수도 있겠습니다. 사람과 사랑을 규정하는 게 인지론이든, 형태론이든, 체질론이든, 구조론이든, 목적론이든 일반적으로 시간이 흘러도 무겁고, 더럽고, 혼란스러울지도 모릅니다.

그럼에도 불구하고

단 하루만 고요와 연결된 집에서

아름다운 찻잔같이 반짝이기도 하네요.

변함없는 마음을 적어주겠어요

불면증으로 고통받는 분에게 소설 쓰기를 추천했습니다. 40년간의 살얼음판 같았던 연애 시절과 결혼 생활로부터 자유로워지는 방법 중 하나라고 말씀드렸더니 집중해서 들으셨어요. 현실 세계에서 절대 변하지 않는 그 사람에게 들을 수 없는 고백도 마음껏 들어보고, 그에게 하고 싶은 말과 행동도 마음껏 하시면 된다고 지지해 드렸더니 눈물을 흘리시는 거예요. 한방이든, 양방이든, 민간요법이든 수면장애를 치료할 수 있는 방법은 다양하겠지만 정확한 원인 규명을 위해서는 자신이 어떠한 사람인지에 대한 노력이 필요하잖아요.

- 내 삶이 고통스러운 근원이 무엇인가?

욕심이 너무 깊다는 생각으로 수십 년 동안 절을 했지만 낫지 않을 수도 있습니다. 부디 그분이 상대가 모든 걸 다 주는 세계를 만들어서 그곳에서라도 자유롭게 살 수 있다면 잠을 이루지 못했던 증상도 감소되지 않을까 막연한 희망을 가져봤습니다. 해바라기 같은 사랑이 가슴 아프기도 하고, 잔잔한 기쁨과 큰 고통을 품고서 삶을 견디어냈던 한 사람의 웃음이 참 귀하다는 생각도 하게 되었습니다.

고통과 축복과 기쁨과 슬픔이
이대로 머물러도 될 꿈이라면
머리가 아닌 가슴으로 들여다봐야겠습니다.

싱그럽게 기이했으면

의지를 가지고 기억한다는 게 뭔가요? 행간이 깊어지기 위해서는 오늘이 고달파도 내일의 시간이 필요했습니다. 세상은 알 수 없는 모순과 숨어 있는 기적들로 이루어져 있거든요. 만남과 헤어짐에 대한 의지는 거리의 시인도 답변할 수 없었습니다.

이야기가 인간과 역사를 의식하고, 가장 절실한 체험을 하는 주제와 감출 것은 감추는 공간만 고민하다 보면 살아남기 쉽지 않으니까요. 수많은 채널을 돌리다가 무심히 흘려보냈던 삶의 소중한 순간들은 오로지 수그릴 뿐일 수도 있겠지요. 밤마다 빛을 다짐하는 영혼은 어둠 속에서 소리 나는 경우도 있습니다.

누구나 조금씩은

싱그럽게

기이했으면 좋겠습니다.

사적이면서 전시적인

없어진 사람들이
남긴 것에 대해
시적인 숨결을
불어넣어야 합니다

잘 보고 듣고 알고
그래서 잊지 않았던

말을 하지 않는 침대에서 잘리게 되는데요. 어느 순간에는 서로 얼마나 좋은 영향을 주고받았는지 중요한 전달을 하는 느낌도 들었습니다. 웃는 사진이 그 이전으로 돌아갈 수는 없지요. 이상하게 그런 상황에서 부르고 즐기고 쓸쓸하고, 나중에 다시 생각하는데 잘 모르니까 다를수록 좋았습니다. 다른 쪽으로 움직이다가 그저 곁에만 있어도 이야기가 있어요.

- 누구를 좋아하세요?

나를 닮은 음악을 찾는데, 선택하지 못하고 갈등하는 순간 밤하늘보다 더 차가운 고요가 내리기도 하거든요. 음악은 그 사람을 그 사람이게 만들어 주는 것이라는 생각도 해봤습니다. 잘 보고 듣고 알고 그래서 잊지 않았던 사람들이 꽃을 노래하든, 가시를 노래하든 문화를 만들어서 이끌어갈 수 있었으면 좋겠습니다.

새로운 언어가 2초 만에 끝나는 삶에도 정답은 있습니다.

단단해진 어둠을 흔들어

안에서만 받아들일 수 있는 많은 이름이 어떤 의미가 있을까요. 결국, 역사는 해석의 문제이지요. 지금 이 시대에 그게 어떻게 보이는지 감당할 수 없는 과정이 밝혀지기도 하더랍니다. 역사는 우연이 없고, 과거와 미래를 완성시키는 것은 현재라고 강조하고 있습니다. 살아있는 눈을 상실했는데 누군가는 어떤 의미가 있는지 생각할 것이고, 반복이 되기도 하는 것을 집중적으로 하고 있습니다.

'삶은 왕과 노예의 거울'이라고 했듯이 역사의 본모습이란 비슷한 시작을 해서 곤궁할수록 자연의 힘을 발휘하는 게 아닐는지요. 단순하게 기대어보는 신에 대해서 그런 생각이 드는 거예요. 역사의 담장 위를 달리던 모두가 관통하고 있는 마무리가 있거든요.

문화가 있는 나라에서
빛과 바람이 통하는 나라에서
신기한 놀이터 같은 나라에서

물끄러미 선 채 해가 떠오릅니다.

바람들이 슬하의 식구들을 데리고

누군가의 고정을 말과 글로 정리한다는 건 진정한 관심과 애정이 있을 때 가능하지요. 최근까지 일어났던 사회적 사건들을 마주하면서 많은 사람이 돌이킬 수 없는 고통의 시간을 함께했습니다. 고령화 사회로 진입하는 변화를 맞이하면서 노동의 일기장만큼 예술의 일기장도 중요하더랍니다.

규칙적인 삶의 질서를 유지하는 일, 식사와 운동, 노동과 휴식의 균형감은 병적인 낭만이 아닌 진실로 아름다운 낭만을 표현하는 작업에서 중요한 요소입니다. 예술이 주는 신뢰적 요소는 생각보다 정말 다양하더라고요. 역사가 사람과 예술을 의식하고, 가장 절실한 체험을 하는 주제를 고민하다 보면 더 많은 사람을 설득하고 올바르게 살아남을 수도 있겠습니다.

현재를 살아가는 사람들이 서로에게 선한 사랑의 숨결을 불어넣어 줄 수 있었으면 좋겠습니다.

꿈꾸는 길섶에서

잊고 있던 오랜 꿈을
되살려주는 건
변화를 맡기 직전까지
작은 틈새 사이로
보듬어 주는
가족들이 있어 가능했습니다

마음과는 다른
힘든 일도 참 많았습니다
수고했어, 말 한마디로도
가슴 근처를
비벼대는 마음이 느껴져서
온몸에 쥐가 나기도 했습니다

하나의 길만 있는 것은 아니지만
가족은 피곤한 육신이
잠드는 길섶 같은 존재일 수도 있기에
만남으로 하고 싶었던
이야기에 품성과 결을 실어봅니다

평생에 걸쳐 큰 혼란이 포함되어 있지만

무관심한 너의 사랑을 위해 사랑보다 소중한 슬픔을 주는 역할을 하는 게 예술이라는 생각도 하게 됩니다. 만드는 일이든, 기다리는 일이든, 목소리를 내는 통증이 위로가 되었던 노래를 합니다. 사랑을 반영할 수 있다면 좋겠지만 다 쏟아내지 못하는 것은 누군가의 한계이기도 하고, 잠의 한계이기도 할 것이고, 아니면 삶의 한계일 수도 있겠습니다. 예술은 평생에 걸쳐 큰 혼란이 포함되어 있지만, 초월적인 전체성과 관계되어 있어서요.

다시 예술이 묻습니다.

'그 안에서 언제 쉬나요?'

가식을 걷어낸 내면의 얼굴을 마주하다 보면 한 걸음 한 걸음 사람보다 소중한 예술을 발견할 수 있을지도 모르겠습니다.

사랑하는 책은

나의 경솔함을 깨닫게 해주고
나의 심약함을 깨닫게 해주고
그대의 진귀함을 알게 해줍니다

그 누구라도
평생 동안 온 마음을 다해
꿈을 실천해가는
여정은 아름답습니다

영원을 간직한 삶이 있고

수많은 예술과 함께
의문이 있었습니다

이대로
머물러도 될 꿈이라면
마음으로
작은 이야기를 전하겠습니다

하나의 시간 속에
영원을 간직한
삶이 있고
삶 안에 사랑이 있음을

구름 그림자에서
당신의 목소리를 듣습니다

오늘 제가 만났던 분은 정신 지체 장애인이신데, 처음에는 무표정의 얼굴이셨습니다. 묻는 말에 답을 하셨다가 못하셨다가 읽는 것도 쓰는 것도 마음대로 안 된다고 하셨거든요. 이름 석 자라도 쓰고 싶어 하는 마음이 있을 거라 믿으며 걱정 반 안타까움 반 그냥 속으로 웅얼거렸습니다. 자연스레 펜을 힘겹게 쥘 수밖에 없어 스스로를 체념하는 감정도 느껴졌습니다. 비뚤비뚤한 글자를 천천히 쓰는데 그래도 대견하게 잘 쓰신다고 칭찬해 드렸더니 약한 미소를 지으시는 게 참 좋아 보였습니다. 잠시나마 그녀의 웃는 모습에서 문턱을 문질러 새집에 도착하는 일상과 시간 속에서 작은 약속이 오고 감을 느꼈습니다.

- 자신의 이름을 잊지 말아요

가까이 보고 있으면 마음 쓰이는 위안이 있잖아요. 배우자인 할아버지께서 조금 놀라신 눈치였습니다. 2년 동안 글공부를 시켜봤는데 소용이 없으셨다고요. 기억들은 가물가물하게 되었지만 함께했던 그 많은 시간을 서로가 간직할 수 있기에 가슴 뭉클한 믿음을 현재까지 지킬 수 있었겠지요.

구름 그림자에서 당신의 목소리를 듣습니다.

| 3장 |

내게 살며시 깜빡이며

오늘 밤

익숙하지 않은
양말을 신은 채
이상한 나라에 대해
이야기하고 있습니다

우린 아직 여기 있잖아요

가장 오래 웃는 동안 난처한 사람

가장 오래 웃는 동안 그대는 또 다른 얼굴을 보여주시네요. 돌이켜 보면 그림자가 없는 시간에 이름만으로도 집을 나서게 되는 거지요. 가져갈 것도 없는 생각을 하기 시작하면 두려움이 드는 것이 사실입니다. 마주하는 일을 알고 있기 때문에 사랑이 사라져버립니다.

평지를 고르는 것처럼 보다가 닫힌 사랑을 적어 나갑니다. 그만큼 '핍진성'의 부재 속에서도 사랑은 삶의 주름에 순응합니다. 사랑은 사랑을 닮은 대상이 있습니다. 저녁이면 창을 열어둔 생각이 난다고요. 마음에 들지 않는 것들도 허용되는 이유가 아름다운 미소를 느끼시나 봐요.

이동진 작가님이 말보다 글이 훨씬 좋다는 말씀은 모르는 시기를 통과하는 내적인 목소리임은 분명했습니다. 결국, 문장은 거울 같은 난처한 생애를 312번 반복하는 것일 수도 있으니까요. 무조건 버티는 일상이지만 사랑을 안은 마음 하나만으로도 설레고 행복할 수 있어 기뻤던 거지요.

- 기분 좋고 부끄럽습니다.

고통과 어둠의 경계

누구도 대신할 수 없는 단 한 번의 삶에서 선택을 강요하지도 않고, 강요당하지 않을 수만 있다면 얼마나 좋을까요. 삶의 수많은 문제가 환멸을 가져오지만, 번뇌와 깨달음은 동전의 양면과도 같은 것이었습니다.

나의 손을 타인의 이마에 맡기고 있어도
질문은 지워지지 않네요.

고통과 어둠은 경계가 없습니다.

유연성이 있을 때

구한 것 하나도 주시지 않았지만 할 이야기가 너무 많아서 삶을 데리고 갑니다. 실존적 고민에 대한 목마름은 누구에게나 있기 마련이더라고요. 죽음을 기다림으로 견디어 내는 사람이 있었던 것처럼 삶의 폭력성에 눈을 뜨는 순간 삶은 스스로의 유연성이 있을 때에만 지켜낼 수 있다는 걸 깨닫게 됩니다. 근원적인 문제는 결국 알아서 해결해야 하니까요.

유연한 시간을 만나셨으면 좋겠습니다.

생의 침묵이 더 쉬웠습니다

삶에는 숙명적인 슬픔이 있습니다. 그 무엇도 이해할 수 없는 역사가 사랑의 단단해진 어둠을 흔듭니다. 밝은 곳을 가는 중요한 순간 다시 겨울을 만났는데요. 캄캄해서 안전하고 자유로운 감옥도 있습니다. 영화「엘르」의 본질은 상황적 불편함이 아니었습니다. 서로에게 극악무도할 때, 우리는 어떤 것을 물어봐야 할까요? 다다르지 못한 풍경이 떠오르면서 이야기가 숨겨져 있는 숲에 있다 보니 고민만 많아집니다. 소문과 소문에 의해서 만들어진 질문들은 누군가의 비밀을 안고 가는 사람에 의해 부분적으로 열리는 경우도 있습니다. 미셸의 반 토막 난 영혼으로 우리 눈동자도 돌리다 보면 가식을 걷어낸 내면의 얼굴을 마주하게 되지요. 내면의 집이 없는 사람이 무슨 생각을 하는지 가끔은 떠돌아다니는 상처가 주는 여운은 깁니다. 그녀도 고독한 건 고독한 거지만 자기의 거짓이 안 보일 때까지 다만 걸어 들어가는 사람이니까요. 아프다고 말하면 정말 아플 것 같아서 어둠에 먹히도록 서로 멀어져 가는 게 우리의 현실일 수도 있는데 말입니다.

사람은 비극적인 체험에서도 의미를 찾아야 하고, 그나마 일상과 타협이라도 해야 시간과 사실관계를 유지할 수 있거든요. 수많은 오류와 무지 속에서도 흔들리는 창문을 다시 잠그고 나갈 수 있는 방이 있어서 울컥한 마음도 드네요.

생의 침묵이 더 쉬웠습니다…

마음이 쓰여서

어느새 틈새로
바람이 부는 날
잠시
인적 드문 곳을
다녀왔습니다

두 사람 중 한 사람이
다리가 불편하기 때문에
어디에도 갈 수 없어
조용히 자릴 지키고 계셨어요

저는 그냥
한없이 주렸던 맘을
달래드리고 왔습니다

그곳에서나마
미소를 띄워봅니다

이미 감옥을 한 채 삼켰습니다

의문을 가지게 하는 빛의 본질을 꿰뚫기 위한 중요한 요소가 무엇인지 생각을 했습니다. 폭력이든, 아름다움이든, 죽음이든, 고통이든 달을 가리키는 손가락을 영화로 구체화하는 방법은 다를 겁니다. 그 모든 일이 늘 품어져 있어서 아주 고요하게 올라간 다음 움직이지 않는 순간이 있거든요.

담 위로 모자를 쓰고 우리 눈동자도 돌리다 보면 마치 없었던 것처럼 내면의 얼굴을 마주하게 되지요. 재만 남았을 마음이 다를 게 없지만, 같이 노래 부르면서 날지 못하는 연을 들고 먼 길의 별로 떠난 사람이 있었습니다.

비가 그친 뒤 강둑 위에서 보여주는 마음이 앞서 반복되는 물건이 스쳤습니다.

- 공을 주세요

정반대에 위치한 집에 가면 어둡고 돌아올 때에 그보다 명징한 아침이 있지요. 고통을 발라내고 죽음을 보여주는 방식은 영화 「아바타」에서 여전사 네이티리가 자신보다 약한 생명체를 대하는 존중감과도 연결되더라고요.

없어진 사람들이 남긴 것은 알 수 없는 모순과 이유가 있겠지만 시적인 숨결이 느껴지는 것도 사실입니다. 익숙하지 않은 양말을 신은 채 이상한 나라에 대해 이야기하고 있습니다. 나의 꽃을 타인의 별에 맡기고 있어도 질문은 지워지지 않네요. 고통과 어둠을 듣는 소리는 경계가 없습니다.

감정과 지문의 관계

막막한 미지의 길 아래에는
세상의 시간보다 더 중요한
행간의 시간이 있습니다

멀어질수록 깊어지는 감정은
국적 불명의 얼굴과
지문으로 수없이 반복해요

아직은 희망이 남아있습니다

바람 부는 길목에 오래 서 있었던

달을 기준으로 해서 사이의 빈틈으로 들어간 이야기는 세상을 보는 중요한 의지를 가지고 있을 때 가능합니다. 천상계든, 지상계든, 정신세계든, 물질세계든 기본적으로 다 처음 보는 건 아니랍니다. 해가 할 수 있는 기다림은 어렵기도 해서요. 잘 알고 싶지만 몰라도 되는 실험들이 보여주는 부분은 있습니다.

공간이 휘어지면서 자기가 할 수 있는 상상의 한계가 시간일 수도 있겠습니다. 수학의 언어가 물 위로 뜨고 관찰을 통해서 알고 싶어 하는 가치가 다가오고 있을 때 문학은 그것을 통제할 수 있더라고요.

아리스토텔레스의 수사학으로 확장시켜 봅니다.

로고스(논리, 메시지의 본질): 10%

파토스(감성, 심리): 30%

에토스(인격, 품성): 60%

법칙적 지식을 기반으로 설명할 수도 있지만, 케플러가 따라가고 있는 결 고운 선이 기억나네요. 뉴턴은 어둡고 텅 빈방에 홀로 있을 때, 가늠할 수 없는 높이에서 사과 한 개를 삼켰습니다. 코페르니쿠스는 수줍은 무신론자였는데 천막 안에 앉아 있을 수 없어서 단단해진 어둠을 흔들었더니 내부가 밝아졌데요. 다시 초대된 화답을 만들어봅니다.

빛을 저장하는 주장은 가져오지 마세요.

먼지투성이의 푸른 종이는

영화 「옥자」는 봉준호 감독님의 생각과 가치관을 들을 수 있었던 소중한 기회였습니다. 영화 「옥자」를 다치게 할 생각은 없어요. 달려가는 이야기의 처음과 끝 사이에서 수없이 쓰기와 지우기를 반복하며 한 장면, 한 장면마다 어둡고 텅 빈 희망 속으로 걸어 들어가려는 노력이 상상되었습니다.

빛과 어둠을 분간할 수 없는 세상이지요. 현실의 바닥에서 죽은 존재를 거쳐 가고, 사람과 사람이 아닌 것을 구분하는 게 어려웠습니다. 옥자가 환자복을 입은 휠체어 탄 사람을 피하기 위해 결국 자기 몸을 다치게 하는 장면에서 깊은 공감을 할 수 있었습니다. 그래서 마지막 옥자의 선택과 상황을 이해할 수 없었습니다. 인간적이고 윤리적인 측면으로만 해석할 수는 없더라고요. 실패하는 충돌과 실패를 통해서 시스템의 부조리를 보여주는 점은 좋았습니다. 하지만 그 '실패'를 더 드러내지 못한 아쉬움이 많았습니다. 사람과의 교감 능력도 뛰어난 존재가 몸의 전부가 어둠 속에서 가볍게 튕기는 때를 알았는데, 왜 미자보다 더 큰 가치와 기준을 선택하지 않았을까요? 그것에 대한 구체적인 설명을 기대하지는 않습니다(번역이 안 돼서요). 어쩌면 사람 사는 세상을 향한 동물의 저항에서 가장 웃지 못할 상황은 어떤 것인가? 잠시 생각을 했답니다. 진정한 생명의 지향점을 더 불편하게 그릴 수도 있었는데 말입니다.

애니메이션 「모노노케 히메」의 아시타카가 저주받은 팔을 끝까지 안고 살아가듯이 왜 사람들을 더 불편하게 하지 않았는지 모르겠습니다. 현실에서 살아남기 위해 다른 존재를 죽여야 한다면 영화에서라도 일말의 정의감을 더 키울 수 있었으면 좋겠습니다.

여전히 중요한 것은 삶을 흔드는 질문입니다.

여린 마음

삶을 보듬는
문장 사이에서

유리잔에 맺힌
여린 물이
하나씩 빚어낸
풍경이 있습니다

3,824번째 기쁨

죄송한 마음을
상상해봅니다

그러면
거듭나는 기쁨이
들어갑니다

그 별판을 지금처럼 떠올린 일이

과거로 넘어가다 보면 약간 모자란 이름이 되잖아요. 과거가 곧 그 사람이 되고, 다시 현재에서 과거를 보게 되는 순간들이 있습니다. 시간과 장소의 구체성이 소멸하는 순간을 잠시 생각해봤습니다. 버티면서 올라가는 길보다 더 밑에 있는 서로가 삶의 바닥을 더듬으며 살아가는 게 아름다운 거지요.

영화 「괴물」의 강물과 영화 「마더」의 들판을 보면 고요함과 대비되는 사람의 비틀거리는 희망과 시나브로 스며든 절망이 느껴졌습니다. 국경을 넘어서 언제 올지 모르는 봄을 기약하며 강두와 도준 엄마처럼 변변찮은 외출을 계속할지도 모르겠습니다. 목숨을 걸면 무엇이고 창을 닫게 하는 내일이잖아요. 바로 그곳에 가야 하는 중요한 순간 별것도 아니지만, 가족을 위해 걷기를 하게 됩니다.

슬픔을 지우기도 어렵고
발산을 사라지게 하기도
어려운 시대에 살고 있습니다.
무력함이 좋을 수도 있고,
서늘함이 좋을 수도 있을 겁니다.

말하자면 꿈꾸는 대낮이고,

처음 그린 숲은 땅의 가슴이네요.

따뜻한 관계에서 반한 거지요.

숨을 찾다

가만가만
조용조용
토닥토닥
쿵쿵

우리를 울리는
메아리의 결

성심을 다해

달밤에 그 세계를
만나러 가는 희망으로
백골의 추억으로

성심을 다해
넘어지고
성심을 다해
일어나고

더 먼 곳에
있다 하여도
지금처럼
떠올린 일을
모으면 되지요

큰일을 위해서 어쩔 수 없이

관심으로부터 시작해서 불가해로 마무리할 수박에 없는 삶의 단면이 그려봅니다. 어둠 속에서 동경의 세계를 쉽게 예측하기는 힘들었습니다. 끝없는 탄식보다 속으로는 다른 것을 생각하는데, 서서히 시간 속에서 질문은 지워지지 않았습니다. 먼지가 나는 문이 열리고 얼굴이 잘 보이지 않아 마음이 아프네요. 내가 미리 와 있는 이곳에서 달콤하지 않은 걱정들이 전달되는 거 같아요.

목을 다치는 경험에서 나오는 가장 큰 이유가 무언가 늘 다시 이끌어 기다리게 되기 때문인데요. 처음에는 서서히 중요한 부분이 있고 점점 추상화한다고 볼 수 있습니다. 우리 본성의 천사는 영원히 끝날 거 같지 않은, 이상하면서도 기이한 사랑을 합니다. 소대 규모로 움직이면서 싸우는데 말해주네요.

- 별은 그냥 존재할 뿐이야

사람이 안고 궁그는 목숨의 꿈이 다르지 않으니까요. 그것을 원했기 때문에 잘 보이지 않는 갈라짐이 있었습니다.

사랑을 하고

살인을 하고

시는 그러라고 만들어졌는지 최승자 시인님의 「근황」이 생각납니다. 결국, 삶은 거대한 패배주의로 시작된 것일 수도 있으니까요. 무지로부터 구출하기 위해 떠돌아다니는 상처가 주는 여운이 길기도 해서요.

비극을 반복하지 않기 위해 지금 있는 곳에서 걸음을 재촉하지 않고 묵묵히 걷습니다.

별은 눈과 심장이 없습니다

무한한 연습과 함께
갑자기 눈물이 왈칵 쏟아졌습니다
그 별 주위엔 다른 별이
하나도 없었기 때문일까요

불러오는 말들은
다른 시공간을 이끌어오기도 합니다
벽과 벽 사이 꽃의 환영은
근심과 고통 사이에도
실재하고 있었습니다

비가 그쳤을 때
길동무가 되었지요

진정으로 서로 만나는 것들은
이 세상 떠난 뒤에도
다시 불러오나 봅니다

지도

밤이 열어준 문을 열고
몸을 다 바쳐서 피워내는
사랑이 느껴집니다.

빛에 비하면 느린 속도지만

수많은 영향을 받고 있고 예측할 수 없는 공간에서 물리학의 언어를 그려봅니다. 빛에 비하면 느린 속도지만 어쩔 수 없이 반복하는 달이 존재하지요. 온라인이든, 오프라인이든 다가가는 일과 다가오는 일은 경험적인 확인이 필요합니다. 꿈꾸는 길에서 그보다 명징한 하나의 목적을 향해 나아가는 마음이 다시 질문하는 거예요.

'조르조 모란디의 「먼지」가 떠올랐습니까?'

잘 모르는 데카르트를 꺼내는 부분이 있습니다. 지상의 정원에서 자기가 좋아하는 이원론과 함께 시작되지요. 시간적으로 볼품없는 계단과 초면으로 만나기도 하고요. 어둡고 아름다운 비전이고, 처음 그린 거대한 시계가 땅의 가슴입니다. 최근에는 철학자 니체의 말이 계속 생각납니다. '모든 가치의 전도'

관찰하고, 사랑하고

사랑하고, 관찰하고

사실 아니라고 해도 문득 선명하게 떠오르는 그때의 그때. 우리 모두는 각각의 서로에게 아름다운 힘을 실어줄 수 있다면 과학과 철학과 역사와 예술의 자유롭고 평등한 교류가 가능할지도 모르겠습니다. 꿈 깨기 전에는 꿈이 삶이기도 하니까요.

틀이 더 넓은 자신과 있으면 당신과 아름답게 빠지고 있습니다

마당의 빈 화분에 민들레 꽃이 피었습니다. 아무도 심지 않았는데 민들레 꽃이 핀 것처럼 송경원 영화 평론가님과 김중혁 작가님의 대화는 멀어질수록 깊어지는 다른 것들을 이상하게 발견해 주시는 느낌을 받았습니다. 발이 되어줄 수 있는 그림을 그린다는 게 중요하고, 겉으로 드러나지 않는 홀이 10년 정도 걸린다고 하거든요. 아침이 되어 앞을 보고 있지만 혼자 덩그러니 앉아있는 거예요. 사랑은 우리의 것을 만드는 것일지도 모릅니다. 각각 다른 개별체이면서도 서로를 하나로 연결해주는 존재가 연인이 됩니다. 영화 「브루클린」의 에일리스와 토니처럼. 영화 「룸」의 조이와 잭처럼 실험적이었던 몸짓과 표정도 중요하지만, 끝내 행복을 찾은 건 겉도는 역할보다 드러나지 않는 세계를 풍경으로 보여줍니다.

영화 「내 사랑」에서는 아픈 환자가 주인공인데요. 며칠 전 녹내장 수술 후 눈이 보이지 않아 자꾸만 비관적인 생각을 하게 된다는 어르신을 만났습니다. 팔십 고개를 넘어오는 동안 그분에게는 얼마나 많은 일이 있었을까요. 푸르고 시리고 원하는 바가 이뤄지지 않을 때마다 가만히 듣고 있는 믿음의 화두가 있습니다.

틀이 더 넓은 자신과 있으면

당신과 아름답게 빠지고 있습니다.

약속을 미래로 했더니

크리스토퍼 놀란 감독님의 작품 세계는 어떻게 끝날지를 아는 지점에서 하늘에서의 한 시간으로 모이는 거지요. 수시로 찾아드는 고비들을 자기만의 언어로 만들어 인과를 바꾸는 거에요. 이해하기 힘든 세 개의 공간이 중요하기 때문에 저항과 계승을 구분할 수 있었겠지요.

뒤로 물러나는 이야기는 가지고 나갈 수 없으니까 어떻게든 몸으로 통과한 다음에 나타나는 거 같아요. 생각을 전달하든, 이야기를 전달하든 선명하게 압도시키는 힘은 각각의 체험이 실린 심장에 있더랍니다.

송경원 영화 평론가님께서 영화 영토가 넓어진다는 표현을 사용하실 때, 피터 잭슨 감독님의 영화 「반지의 제왕」 풍경이 떠올랐습니다. 지난날들이 바래져 간대도 중요한 것은 의도하는 뭔가 있잖아요. 같이 쓸려가는 연필과 타자기와 노트북은 검은 바다를 건너기 전 많은 약속이 오고 갔던 곳에 있었거든요.

같이 살아있다는 기대가 됩니다.
형식이 주제가 되는 자체를 잘한 거 같아요.

예정된 종말로 치닫는 시간이 다가오는데, 어디로 멀리 혼자 길을 가고 있었습니다. 그 순간 불행과 정면으로 맞선 희미한 불빛 같은 존재가 영화일 수도 있다는 생각을 해봤습니다.

- 그 시절의 감동적인 부분이 있더라고요

가까운 것은 약속한 그 자리뿐이지만 생명이 있는 한 지워지지 않는 흔적으로 함께 사랑하는 법을 배우게 됩니다.

역사의 요일

없어진 사람들이
남긴 혼란이 있어도
돌아올 때에 가만가만
단 한 번의 새벽이 있지요

꿈길에 물 붓는 소리

좋은 소설은 고개를 끄덕이면서 자유롭고 편안하게 쓰고 싶은 마음을 갖게 합니다. 꿈과 현실이 천천히 겹치는 부분이 있는데 어떻게 묘사하나요. 긴 시간 동안 계속 반복하는 단어를 굴려보고 그 순간 잘 보고 듣고 알고 그래서 잊지 않는 표정을 완성하겠지요. 한 사람이 질문했을 때, 영화 「노인을 위한 나라는 없다」의 장면들이 떠올랐습니다. 바다가 보이지 않는 죽음은 아무런 이유가 없지요.

덜 중요하게 보이는 세상에서 악당이 가득 찬 날들이 있기는 합니다. 밤새 조마조마한 마음 대신 어느 정도 알고 있던 모자를 쓰고 착각하는 바람에 덜 불행해질 수도 있습니다. 절실하게 와닿는 과정들을 말하기 힘드네요. 한 방문자가 무심히 지나치는 풍경에서 문제가 커지고 갈등이 깊어지기도 하더라고요. 플래너리 오코너 작가님의 작품 세계에서처럼 좋은 사람이든, 부적응자든 처음에는 안 보입니다. 다만 기억해보려고 대면하는 다양한 심장 속에서 있는 거 같아요.

반복하는 국경의 밤은
슬프고 아름다운 서로가 남이 되지 않도록
나무를 심고 가꾸고, 중요하다고
생각하는 심정을 담아 항상 거기 있습니다.

꿈길을 출렁이다가 물 붓는 소리를 들었습니다.

메아리지기

어차피 아무것도
아닌 것들에 대하여
얼마나 또 오래
서로 딴생각을 하면서
나머지 이야기를 들었을까요

메아리를 펴고
일어나요

고향도 아버지도 아버지의 친구도 다 있었습니다

영화 「덩케르크」는 앞으로만 가던 시간을 뒤로 가게 해 주었습니다. 약속을 지켜낸 사람들과 옆에 있던 사람들이 다시 돌아오는 희망을 볼 수 있어서 참 좋았습니다. 시간의 몸은 모든 것을 알고 있었지만, 어깨 힘이 떨어지지 않는 이름 때문에 마지막 순간까지 그곳을 찾아가데요.

크리스토퍼 놀란 감독님의 작품 세계는 운명과 우연이 주는 고통을 알고, 치열하게 견디고 극복하려는 의지가 인상적이지요. 마음으로 들어오는 인물들을 시종일관 담글 수 있었습니다. 일반 병사의 일곱 명 자리를 대신하는 부상병 한 명을 구조선에 태우고, 폭격을 받아 트라우마로 힘든 병사의 우발적 실수를 비밀로 지켜주고, 바라봄이 아니라 만져봄으로 살아온 사람의 약속을 기억하는 게 감동적이었습니다.

어떻게 보면 숨은 눈을 통하여 경험했던 일을 알고 있기 때문에 갑자기 슬퍼지는데, 보다가 목소리가 들렸습니다. 생각을 전달하든, 이야기를 전달하든 선명하게 압도시키는 힘은 각각의 체험이 실린 가슴에 있더랍니다.

흔들리는 세상에서도 서로 주고 싶은 마음을 가져야 해요. 고향도 아버지도 아버지의 친구도 다 있기 때문입니다.

사탑

기울기가 심해져
이동하게 되면
이내 가만
은하의 등불을 켜고
산자락에 모입니다

정답

눈여겨보지 않아도
내가 가진 아름다운 힘을
많이 나누어 가질수록
세상이 환해지겠습니다

내 몸의 전부가 푸른 기억들을 품고

자연스럽게 잊어버리는 것을 밟지 않고 따라가 봅니다. 언젠가 삶의 고통을 잘 발효시켰던 할머니께 비피더스 여덟 개를 선물받은 적이 있습니다. 그 순간 오선지의 음표들처럼 할머니의 웃음이 아름다운 선율만큼 아름답다고 느꼈습니다.

세월이 흘러 오늘은 다른 분에게 요구르트 다섯 개를 선물받았어요. 26년 동안 아픈 남편을 대신해서 씩씩한 여장부로 살고 계셨는데 정말 별거 아닌 도움을 드렸거든요. 고마움에 대한 보답으로 요구르트를 주셨습니다. 덕분에 예전 기억을 소환하게 되었지요. 아픔이 죽으면 잊지 못하고, 통제할 수 없는 먹구름이 몰려옵니다.

내 글에 걸려 인생이 돌아가는 순간
그 무엇도 내가 이해하지 못한 돌 하나가
우물 안에 던져졌습니다.

그럼에도 불구하고

다른 모든 것을 잊게 하는 경험을 통해서
몸에 새겨진 기대를 하게 됩니다.

우리의 골목

하늘에 걸린
내 인생 시작할 때

푸른 기억을 품으면

지구 한 모퉁이에서 만난
생과 사의 이야기를
지켜낼 수 있습니다.

내게 살며시 깜빡이며

누구나 밤을 지내는데 감추어진 사랑 이야기가 하나씩은 있을 테지요. 이름을 기억하려는 마지막 순간이 45분이라서 오래 간직하고 싶은 심정이기도 합니다. 이따금 눈과 벚꽃이 교대하는 세계의 틈에서 몸이 바뀌고 거기까지 가야 하는 사람은 얼마나 절실한 마음이었을까요.

일생을 부드럽게 지켜주는 슬픔은 기차 안에서 문을 닫을 때 연결되면서 흐름에 실려 가기도 합니다. 가와바타 야스나리 작가님의 소설 『설국』이 생각났습니다. 살아가는 게 기억과 상실이 반복되는 과정이긴 하지만 누군가를 혹은 무언가를 간직한다는 건 중요하니까요. 각자 나름대로 고통과 상처를 안은 채 눈이 올 때를 그리워하고, 벚꽃을 보고 나면 사라지잖아요.

우연한 만남에서 다른 것을 찾아보려 했지만 어디에 있어야 할지 잘 모르는 사람은 하얗게 유성을 기다리기만 했습니다.

아무리 일상을 단단하게 붙잡아도 매서운 기억들은 수시로 안으로 들어오지요. 개인적이든 집단적이든 마음의 소용돌이를 일으켰던 사건에 대해 상실감보다는 다시 지켜보고 지켜주는 게 더 중요한 거 같았습니다.

애니 「초속 5센티미터」의 타카키와 아카리처럼

애니 「너의 이름은」 타키와 미츠하처럼

잊었던 사람의 이름을 대듯이 점점 알아차림의 순간이 빨라져서 고개를 내미는 작은 기적들이 많아지면 얼마나 좋을는지요. 사랑이란 서로의 약한 마음을 더 생각하게 되면서 있는 그대로 이야기할 수 있을 때, 공간이 바뀌는 밖에서 고스란히 다시 살아나게 됩니다. 소멸하고 순환하는 사랑의 시간이 깊어질수록 드문드문 진실한 감정과 마주하게 되거든요.

영원을 꿈꾸는 서로는 기다림 대신

말이기도 한 글을 전할 수 있어 감사합니다.

종이 수첩은 없어도

현재는 불편함이 가장 비싼 사치라는 말이 있습니다. 4차 혁명 시대의 10년은 지난 100년의 시간 속도와 비슷할 거라는 얘기를 들었거든요. 신념을 포기하지 않는 지점에서 어깨가 굳어질 때도 있을 것이고, 상대적으로 흔들리는 걱정들만 쏟아질 때도 있으리라 막연하게 짐작해 봅니다.

1인 가구가 증가하고 사회는 늙어가고, 일할 사람은 줄어들고 돈은 없고, 여러 문제가 즐비해 있지만, 바람직한 방향적 키워드가 자립, 예술, 노동이 아닐는지요. 김형석 교수님께서 선진 사회의 계단을 올라가기 위해서는 '질서'를 강조하셨는데 말입니다. 미래가 보이지 않는 상황에서 노동적 질서보다는 예술적 질서로 가는 게 맞는 거 같아서요. 음악이든 영화든 책이든 디스토피아적 분위기가 있다는 거지요. 쉽게 비슷한 일들을 경험하면서 그냥 듣고 있잖아요.

눈에 보이지 않는 먼지는 안개와 소리가 주는 공포만큼 모르는 사람이 불안을 만질 수 있다는 게 정말 크다는 생각을 해요. 아날로그를 좋아하던 시대가 있었고, 디지털 시대에도 아직 설명할 수 없는 일들이 많습니다.

진짜 마음이 닿을 수가 있는 세상은
살아있는 감정의 밑그림으로 흰 눈 뿌리며
적셔 드는 새벽에 완성되기도 하니까요.

오늘은 예전 공장에서 일하다 사고로 기계에 깔린 이력이 있는 70대 어른을 만났습니다. 기계에 깔렸던 양쪽 팔의 심각한 흉터에서 당시 얼마나 고통스러운 상황이었을까 짐작만 했습니다. 내과적인 문제도 많으셔서 약값이라도 벌기 위해 폐지 수집을 하고 계셨는데요. 최근 들어 자주 넘어지고 정신이 없다고 합니다. 그런데 얼마 전 전선줄을 훔친 사건으로 검찰청에 신고된 상황이었습니다. CCTV 증거 화면이 있지만, 본인은 전혀 기억이 안 난다고 하셨습니다. 그래서 인지 장애로 판정될 경우 검찰에서 선처해 주겠다고 하지만 아내분도 무척 걱정되셨나 보더라고요. 말씀하셨던 내용을 정리해서 다행히 검사를 받았고, 신경과 전문의 검진 결과표를 챙겨드렸습니다. 부디 일이 잘 해결되었으면 좋겠다는 말씀도 드렸고요.

다만 눈을 감고 마음대로
좁고 좁은 문으로 들어갑니다.
종이 수첩은 없어도
여백을 보면 글에 마음을 담고 싶습니다. _()_

그이의 신호를 읽어봅니다

송경원 영화 평론가님과 김중혁 작가님께서 영화는 끝났는데 몇 시간의 평화를 위해 노력해주시네요. 사람들은 소중한 부분을 잃고서도 조심스러움이 있거든요. 그날의 사람들이 절규했던 어둠은 높은 데서 시작하는 거 같아요.

역사 자체는 한 방향으로만 힘을 주고 뺄 수는 없겠습니다. 다만 불편해하는 거리감이 중요하지요. 희망을 감시해온 불안이 후진하고 정지합니다. 서울도 아니고 광주도 아닌 '마음'이라는 공간에서 아직 남아 있는 맑은 부끄러움을 보면서 조금 울컥했습니다.

- 고개를 들었는데 어떤 얼굴인가요?

빛바랜 녹색 기억과 붉은 사랑이 사라진 자리에 들어보고 싶은 이야기만 남아 있어서요. 악함이 선한 것들을 빛나게 하네요. 영화 「택시운전사」의 만섭처럼 사는 일이 서툴지만 돌아오는 길이 있어 얼마나 감사한지요. 남아 있던 것이 모두 썩으면 인간성을 지워버려요. 순전한 울림에 버금가는 악보는 이방인이 대신해 주는 거예요. 영화 「조제, 호랑이 그리고 물고기들」의 조제와 영화 「변호인」의 송우석처럼 상상하는 정점의 인물이 부정적인 사람이 아니라 긍정적인 사람이었으면 좋겠습니다.

인간적 변명과 반성, 악의 평범함, 생존 의지와 인류애의 가치는 눈으로 보는 것이기 때문에 계속 중요할 수도 있겠습니다. 사과 하나둘로 쪼개 나눠 가질 줄 아는 그이의 신호를 읽어봅니다.

기타와의 합을

그러한
약속이 있었는지
알 수 없지만

덜 중요하게
보이는 세상에서
햇빛이 가득 찬
날들이기도 합니다

무엇이 참말
오고 있는지
느껴지십니까?

흔들리는 세상
저 빈 들 끝으로
그대가 있다면
기타와 합일을
이룰 수도 있지요

| 4장 |

목요일의 열매는 깊이 남아서

푸른 달과 흰 구름은

일생을
함께하는
수많은 지점들이
길은
보여주지만
바다는
보여주지 못할 수도 있어요

육체를 물고
늘어지는 시간 속에서
세상의 온갖
시름에 대해
증오보다
사랑이 되기를 바라요

둥실거리는
푸른 달과 흰 구름은
아직 재촉하지 않습니다

축하 인사

학교 운동회가
보고 싶어
다니는 구름처럼
정말 기쁘고
칭찬하고 싶습니다

이지적인 사람들

빨간 머리 앤과 가비가
미용실에서
갈마들며 나뭇잎의
노래를 부르고 있습니다
싱클레어와 로건
그리고 먼로는
이지적인 사람들입니다

탬버린을 두드리세요

세상에서 가장 가벼운 눈이

다가갈수록
당신이 좋기 때문에
아주 천천히
통곡하는 사람을 보았습니다

세상이
노래를 불러주는 순간
보기 드문 빛이
지나갈 때까지
당신을 닮아갔습니다

사랑을 주면
당신 삶에 눈이 내립니다

가장 천한 곳에서

추위를 느끼면
옷을 입어야 하고
자주 따뜻한 물과
가까이하며
견디는 방법밖에 없어요

밤길이 멀어도
도착하기 전
눈물이라는 물로
하얀빛이 흔들립니다

문제 속에
들어 있는 우리의
삶을 보려면
사랑을 기다려야 합니다

가장 천한 곳에서
신념 없는 종이가 아닌
이미 오래 먼 길을

걸어온 사람과

함께해야 하겠습니다

멜로디가 다 풀리지 않는

보일 듯 말 듯 가물거리는 지난한 현실에서 주어진 길을 터 주는 사유가 평등함이 벌어진 틈이라는 게 안타깝습니다.

전신으로 물방울을 튀기며 그나마 닫힌 문이 이야기를 다르게 생각하게 하고 나갈 수 있는 위치에 대한 관심을 가질 때, 귀가 시원해지는 집에 다다를 수 있겠지요. 얼마나 많은 일이 일어나고 있는데 바람이 일만 열심히 하고, 기다림의 중심인지 노력의 주변인지 여러 가지 느낌이 있었던 거 같아요.

새삼 먹고 산다는 일이 무겁고 슬펐습니다.
비가 오지 않을 때 밖에 잘 안 나가거든요.

그래도 기후가 약간은 바뀐 거 같습니다.
빈 바닥을 아파하는 친구는 하나밖에 없었지만
보고 싶은 미래에서 인상적인 꽃들을 커지게 합니다.

기본적이고 일정한 질서를 이루는 그날까지 이미 있던 말과 글이지만 다시 새롭게 이룰 수 있는 말과 글이기에 아래에서 보면 다 커요. 계속 멜로디가 다 풀리지 않는 상황을 다루게 됩니다.

하하

각자의 '꼬마'에게
바람에 꺼지지 않는
촛불의 의미를
말해줘야 할
시간이 오고 있습니다

한구석에서

날을 저물게 한 것도
길이 멀어진 것도
내가 한 게
아닐 수도 있는데 말입니다

그대도
숲의 결을 잘 따라가면

같이 피었다가
더 아름답게 피었다가

그대 향기가 떠나지 않았기 때문에

가장 큰 비극 중에 하나가 예행적 수련이 없는 개성일 수도 있겠습니다. 주변에서의 압박으로 보통 타협을 하잖아요. 직선을 따라가게 하는 힘이 있다는 것은 이야기가 산으로 가고, 사람도 산으로 가기 때문에 진지한 겁니다. 검은 강물 건너기 전에 달빛에 숨어 흐느끼고 시간이 믿음을 벌려두더라도 드라마는 잘 안 보이더라고요.

- 의도보다 결과물로 인정받아야 합니다.

그 어떤 세계를 향해서 신이 선물을 줄 때마다 가깝진 않게 그다지 멀지도 않게 열심히 하는 게 멋있어요. 어둠 속에서도 감정이 올라가고 게임과 영화의 경계를 구분하기 힘든 만큼 빨갛게 쾌감이 있기 때문에 고향을 닮은 심성들이 깨어지기도 하지요.

비록 아쉬운 시선이 나를 슬프게 할지라도 나쁜 마음보다는 좋은 마음으로 무엇보다 좋은 마음을 지킬 수 있는 근사함으로 살아갈 수 있었으면 좋겠습니다.

사람마다 지문이 다르듯이

본질을 알려면 껍질을 벗겨야 하는 고통이 있습니다. 악의 외피를 손에 가지고 발견하는 순간 기대되는 분위기를 빌려오거든요. 좁은 골목에서 살아남고 버티는 것으로는 이동해야 되는 인물이 보이지 않았습니다. 마을의 흙먼지를 잊어먹을 때까지 걸으니 두 사람이 안전하다고 이야기를 시작했거든요. 반복 노동에 시달리는 사람들의 움직임이 연달아 등장하는 박자를 남기며 어떤 노래를 부르게 되는지도 알 수 있었습니다. 그들의 세계에서는 자신의 존재를 지켜내는 이상한 유머가 들어 있습니다. 제일 중요한 얼굴만 보고 있어도 애정이 짙게 깔려 있어서요. 버스에 앉아 자유롭게 진입할 수 있는 세 명이 계속 기다리는 마음이 있었기에 가능했지요. 새벽의 재미를 찾아내는 그 자체가 좋아서 가지고 있는 부분을 미리 보여주는 겁니다.

다르게 흐르는 무대를 통해서 연달아 등장하는 하나의 상징성으로 창이 열렸습니다.

결국, 꺼내 보기 좋은 시절들은 얼마나 많을는지요? 그 상황을 절대 버리지 못할 언어들이 중요한 무대를 통과할 수 있다는 느낌도 듭니다. 누군가에게는 오래된 것들이 위로를 하고, 누군가는 새롭게 위로받는 세상입니다. 사람마다 지문이 다르듯이 밤새 발길 끊긴 곳에 풀이 있는 이유를 알아가는 과정이지요.

유기견 토리처럼

매 순간 넘어져서
절뚝거리는 일상의 연속입니다

토리는
소리를 듣지 못해도
바다를 느낍니다

고립의 뒷면이 아닌
연대의 앞면을 선택하면
토리와 함께
산책할 수 있습니다

그리워할 모든 것들을

인디언 달력으로 8월은 다른 모든 것을 잊게 하는 달, 옥수수가 은빛 물결을 이루는 달이라 부르기도 하던데 그리워했고, 그리워할 모든 것들을 내려놓지 못해 아쉬움도 남습니다.

아침을 열어주고 밤을 닫게 하는 시간 동안 깊이 고민하면서 얼어 터진 세상을 바로잡게 해 주는 소설을 만났습니다. 김애란 작가님의 책 『바깥은 여름』을 삶과 연결하면 여러 가지 반성할 점도 많아져서요. 돌이킬 수 없는 봄은 아래에서 보면 다 커요. 계속 가라앉히는 상황을 다루잖아요. 얼마나 많은 일이 일어나고 있는데 바람이 일만 열심히 하고, 기다림의 중심인지 노력의 주변인지 여러 가지 느낌이 있었던 거 같아요.

새삼 먹고 산다는 일이 무겁고 슬펐습니다. 비가 오지 않을 때 밖에 잘 안 나가거든요. 그나마 닫힌 문이 이야기를 다르게 생각하게 하고 나갈 수 있는 위치에 대한 관심을 가지게 합니다.

기후가 약간은 바뀐 거 같습니다.

빈 바닥을 아파하는 친구는 하나밖에 없었지만 보고 싶은 미래에서 인상적인 꽃들을 커지게 합니다. 귀가 시원해지는 집에 다다르기 위하여 얼마나 많은 실을 관찰해야 하겠는지요. 드러나는 것은 질서이고 숨어있는 것은 혼돈인 색감이 있습니다. 공감과 이해를 느낄 수 있는 새로운 감각이 필요하다면 켐트레일도 고민해봅니다. 진실은 반드시 아름다운 의사 결정과 통하지는 않겠으나 아름다운 의사 결정은 반드시 진실하다고 믿으니까요. 그렇게 조금씩 사람들이 아궁이 군불 같은 사랑과 어머니를 만났으면 좋겠습니다.

내가 사는 저녁에서 아침으로

가끔 문학은 하루하루 버티는 사람들 곁에 남아서 다시 반성적 질문을 하는 존재라는 생각을 하게 됩니다. 마음에서 생기는 바람이 잃는 것을 찾는 까닭에 한꺼번에 불어 돌아갈 수 없네요. 비가 오면 십자가도 젖는 세상인데요. 우리가 사는 세계는 결국 완벽한 진공이 될 수 없다는 함의인 거 같아요.

모든 순간이 다 눈 깜짝할 사이에 계속 돌고 있고, 이동 중인 등에 잘린 날개가 다른 사람 마음을 뛰게 하고 끊임없이 여러 군데 체험을 하게 됩니다. 다른 결이 있는 누군가의 시선은 남몰래 자국으로 남는 거예요. 익숙하지 못했던 바닷가라서 메모를 하잖아요.

한 사람도 흘러가지 못하게 더 열심히 그 순간을 건너갈 수 있고 가리는 손으로 안간힘을 쓸 때, 샛별도 등대라는 길은 11분밖에 안 걸려요. 어른거리는 언덕을 내려가는 시간이 별 게 아니라서요. 내가 바라는 손님은 고달픈 몸으로 다시 와야 되거든요. 찾지 못하던 곳으로 가던 길을 거두었던 이유가 있었습니다. 풍경 소리 들리는 계절이라는 게 참 많았던 거지요.

사랑하는 사람들이 비가 되는 소식을 기다립니다.

숟가락 잡기

훈련이라는 단어에는
예측할 수 있는
규칙이 있습니다

그런데
예측 불허함을
도전하기 위해서는
어느 정도
규칙을 읽어내는
배움이 먼저 필요하지요

아침이 열어준 문을 열고
식탁 밑에 떨군 숟가락까지
보이는 예술을 기다려봅니다

소식

당신의 막차
당신의 대합실
당신의 유리창
당신의 난로

당신의 감기
당신의 불빛
당신의 사과
당신의 그네

당신의 신호
당신의 모자
당신의 그림자
당신의 요청

당신의 앵콜
당신의 화음
당신의 설원

손 저어 별만 보고

우는 동안
갑자기
또 다른 얼굴

하나하나
불러오는 노래

마들렌 같은
길동무

고도를 높여가는
꽃다발을 든 사람이 있습니다

고도를 높여가는 상상이 뭉게뭉게 모여 사랑이 되었구나 하는 생각이 들었습니다. 현실 세계와 가상 세계의 형태는 다르지만, 희망을 감지해온 믿음과 함께한다는 점이 비슷하지요.

서로 닮았지만, 현실 세계에서는 톤을 낮추고 있으니까 가벼운 길들의 폭이 커지는 거지요. 거울 속에 비친 삶의 진실은 고개를 떨구고, 알고 싶지 않은 할 말이 있으니까 멀리서 몇 번이라도 생각하고 있잖아요. 자기만의 감정과 기분에 빠져있는 것보다 열고 닫는 손가락이 서두르지 않고 앞으로 나아갑니다.

흐트러진 시계들이 울기를 멈췄습니다.

밤에 함께 있는 사람과 지금 잘 모르는 사람이 문 닫고 가요.

다만 모든 것이 변화하기에 한 장의 사진을 보고 겪어봤을 의식의 힘에 관하여 더 시선이 가는 거 같아요. 구름의 정거장이 마음을 따라가거든요.

- 누우면 달라 보이잖아요.

따뜻한 이륙을 시도하는 순간 하루의 정령이 손짓을 하거나 역동적인 나이를 순서대로 맞이하거나 사소한 즐거움 위에서 춤을 추는 체험을 하겠지요. 아무렇지 않게 보이지만 흔들리는 이야기를 하니까 다른 저편에서 던지는 감정의 울림이 좋아서요. 사랑의 본질에서 가장 중요한 요소는 그냥 선택하는 것은 아니니까 걸리는 부분이 있었습니다. 문득 선명하게 떠오르는 텅 빈 바다에서 다르게 그곳에 가야 하는 순간 바다를 만지는 속도로 두 개의 사과를 발견합니다.

책임지고 싶은 일상은 살아있기 때문에 생각하게 만드는 방향으로 한 발자국 물러난 의미가 있거든요. 그 사람만 보이는 손을 잡아줄 수 있는 노래는 당당해서 좋았습니다. 점점 없어지는 모습을 고르고 싶었는데 갑자기 하늘의 집들이 햇살을 내주더라고요.

바람 부는 길목에 오래 서 있었던 시간이 지나면서 당황하고 묻어가는 모든 게 실선과 점선이 되네요.

그대로 만든 사랑은 결국 씨앗을 품은 성장이 될 수도 있겠습니다. 조용히 또 하루가 시작하는 시점에 들을 수 있는 노래 하나 간직해봅니다.

하늘의 눈썹은 어둠을 내주고

하늘과 땅 사이의 길을 만들어 나간 빛을 만났습니다. 혼자 빵과 우유를 먹다가 삶의 공기가 약간 서늘해진 감이 있네요. 아무렇지 않게 보이지만 흔들리는 이야기를 하니까 다른 저편에서 던지는 감정의 울림이 좋아서요.

문득 선명하게 떠오르는 텅 빈방에서 다르게 그곳에 가야 합니다. 책임지고 싶은 일상은 살아있기 때문에 생각하게 만드는 방향으로 한 발자국 물러난 의미가 있거든요. 죽음을 단단히 품고 지금 봐도 인상적인 그림은 진한 여운을 주기도 하더랍니다.

- 지금 그렇게 하셨으니까요.

영화 「사과」 현정 외부의 못과 영화 「맨체스터 바이 더 씨」 리 내면의 못은 도대체 어디서 경험했던 것일까요. 영화 「바람난 가족」의 호정의 춤과 영화 「마더」의 마더의 춤에서는 무엇을 볼 수 있을는지요. 그 사람을 대신하는 게 그 사람의 관념일까요? 의미가 있는 것들은 함부로 드러나지 않습니다. 한 사람이 어떤 다리를 건너는 건 2시간도 안 걸려요.

눈 깜짝할 사이에 피었다 지는 사람들이 사라지니 아름다운 눈길로 바라봤으면 좋겠습니다.

흐린 것들까지 흐리지 않게

집으로 돌아갈 때까지 걸었습니다. 연준이의 노래를 들으면서 거룩한 마음을 생각하게 됩니다. 부자라고 해서 악하지 않고, 가난하다고 해서 선하지 않고, 어른이라고 해서 성숙하지 않고, 아이라고 해서 미성숙하지 않아요. 바닥까지 내려간 삶과 사회에 대한 다독임이 필요했습니다. 연준이처럼 맑고 순결한 영혼으로 이야기할 수 있을 때, 다른 사람들의 생도 고스란히 다시 살아나게 됩니다.

다시 제 모습으로 돌아오는
연준이를 잘 부탁드립니다.

교회의 십자가를 잊어먹을 때까지

숙성되어 있는 길로 가고 싶었습니다. 누구나 어둠을 볼 수 있는 마음이 분명히 있는데요. 해변을 향해 달렸던 사람들이 겉과 속이 다른 식기라도 품었으면 좋았을까요. 선의를 가지고 뒤로 갈수록 기대하는 부분이 약간은 비슷하고 약간은 위험하고, 약간은 불안하더랍니다.

이야기가 마음대로 달리는 불편함보다 일이 커지는 비트가 중요할 때도 있습니다. 남은 사람이 다시 사용하는 방식은 쉽게 사건을 해결해 가는 균형감에서 찾을 수도 있겠지요.

문득 니체의 초인 사상이 생각났습니다.
앙리 마티스의 그림「춤」도 함께 떠오르네요.

- 밖에 있는 사람들은 왜 아픈가?

익숙하고 전형적으로 둥근 시절이 마련해 주는 자리를 지키려고 하지만 미처 숙제를 다 풀지 못한 것처럼 아쉬운 부분도 많으니까요. 교회의 십자가를 잊어먹을 때까지 걸으니 지구 반대편을 닮아가는 사람을 만들기도 합니다. 더 정교하게 사용하는 안테나가 있어 꿈꿔왔던 운명의 순간들을 속이지 않는다면 저마다의 유쾌한 풍경으로 남을지도 모르겠습니다.

사상가 롤랑 바르트의 말처럼 고통을 속이면 순진성을 잃어버리거든요. 문제가 심각해져서 걱정이 많아집니다. 그래도 불을 켜서 조용히 하늘로 모이면 예술만큼 아름다운 의사 결정은 없습니다.

다양해서 좋은 허용이면

소리가 크다고 해서 반짝이는 건 아니었습니다. 극장에서 멀어지는 순간 이상한 울림이 있고, 사람을 건드리는 힘을 찾게 되잖아요. 그 장면들을 이해해보고 싶어서 볼륨을 높이는 느낌대로 두 개의 문을 떠올립니다. 손으로 우산을 빌리기 위해 자기만의 패기가 그대로 나오는데요.

- 위치적인 관계는 좋지 않습니다.

사람들의 두근거림을 관찰하고, 물리적이고 시각적인 한계를 해결하려는 의지가 중요했습니다. 지루함을 피하면서 시간이 복잡해지니까 이야기의 고민보다는 결과적으로 처음부터 난감함에 기대고 있었더군요. 야구를 하든, 치킨을 요리하든, 지뢰를 밟든 꼼꼼함이 다양해서 좋은 허용이면 괜찮을 거라는 생각을 하게 됩니다. 익숙한 세계 진실의 어느 모퉁이에서 과거를 잊지 않는 정의로 마음을 다해 불러보네요.

메이드 인 아트

무작정

눈 내린 뒤에도
하늘은
물을 담는
그릇을 만들고 있습니다

즐거운 풍경이
밟을 수밖에 없는
사연들을 견디게 합니다

그만큼
믿음의 부재 속에서
순응하는 게
무작정
몸 안으로
파고들던 시간이네요

그해의 아름다운 지붕에서

중요한 상황이 무대를 향해서 다시 일어나고, 좋아하는 사람들이 반복해서 가만히 있는데 상상력의 그림자가 다가와서 힘들지요. 그래도 나아감의 조건을 증명하는 기회가 필요해요. 예술적인 열정과 마주치기 위해서는 달라질 수 있는 간절한 시를 기억해야 했습니다. 자신의 마음을 누군가에게 자연스럽게 보여줄 수 있다면 이미 그 순간부터 긍정적인 변화가 시작되거든요. 솔레솔 언어가 올리브 빛으로 물이 들고 세계를 더 존재감 있게 유지하게 만들지도 모르잖아요.

사라진 한 가지는 다만 순간이 있을 뿐이라서요. 밴버드의 어리석음처럼 세상은 검은 이야기로 정해질 수는 없었습니다. (반전이 인상적이지요)

그해의 제일
아름다운 성이 그대로 있습니다.
문제를 파고드는
스위스 장미꽃의 얼굴이 보입니다.

경험도 상상도 모두 기쁜 것!

우두커니 더 열심히 사랑합니다

반복된 하루 사는 일에 지칠 때, 우리를 멈추게 하고 되돌아서 뜬금없이 따라 부르는 이야기는 어디에서나 필요한데요. 홀로 서늘하고 푸른 그 길을 열어보기도 하고 목소리로는 잘 안 통해서 한 가지만 생각하게 되는 거예요. 더 많이 사랑했던 사람은 눈빛만 보여도 되거든요.

반복적으로 웃었던 이야기가 퍼지니까 보호받지 못했던 삶에 대해 고민하게 됩니다. 세상을 바꾸지 못하는 야윈 슬픔의 손을 보더라도 자기가 할 수 있는 걸 다루고 있기 때문에 안타깝기도 하고 감정이 복잡해져서요. 넘어져도 일어서면 그만이지만 언제 해도 이상한 행동이 있습니다.

- 다른 나라에서 37가지 녹음을 해요.

영화가 끝나니까 마음대로 멀리 나아가는 일을 하잖아요. 그리워진 마음으로 빈 골목을 기억해내며 살고 있습니다. 지팡이와 손수건과 리본과 눈물과 씨앗이 마을에서 반짝했던 거지요.

길고 느린 호흡으로

우두커니 더 사랑합니다.

내적인 연결이 함께했던 그해의 불은

예술만이 할 수 있는 질문으로 이름을 바꾸는 믿음이 있었습니다. 단어 사이를 부드럽게 넘어가는 먹먹한 시간이 새롭지는 않아요. 감정을 억제하면 상상력의 날개가 아니라 불안의 그림자가 다가와서 힘들지요. 진실과 거짓이 교대하는 경계의 틈에서 다른 생각을 하기 쉽지 않았습니다.

- 늘 하는 것처럼 컵을 가지고 하니까요.

제일 좋아하는 비밀은 꿈꾸는 단계를 거치게 됩니다. 뒷모습을 보여주는데 답이 없고 생각이 미화되잖아요. 김중혁 작가님의 '단백질 덩어리'라는 표현이 영화 「옥자」와 연결되더랍니다. 연상호 감독님의 단편 애니메이션 「사랑은 단백질」로 접근할 수도 있겠습니다. 실재하는 상황에서 마음이 차지하고 있는 역사는 잘 몰랐는데 말입니다. 초면으로 힘을 주고 있는 자기 언어로 색다른 재미가 있기도 해서요.

의도하든, 의도하지 않았든 영화 「블레이드 러너 2049」에서 담고자 했던 진실과 철학을 읽어내는 것도 살아있는 사람들의 몫이겠지요. 환상적인 세계를 지향하는 기쁨 속에서 문제를 파고 있는 모습이 보입니다. 떠나지 못한 사람들만 단조롭게 통과할 수 있다면 어떻게 하나요?

오늘 하루도 하늘은 고요히 있습니다.

전신으로 북 치는 사람

서로 다른 상식과 서로 다른 태도와 전방위적인 주제가 조용히 제 몫을 다합니다. '사람에게서 무엇을 지켜내야 하고 무엇을 버리게 해야 하는가?'라는 질문을 하고 있습니다. 지나가는 푸른 지붕이 한밤의 달빛을 밝히고 있습니다.

가로수 하나를 점찍어 두었다가 정오에 작은 어둠을 불러들여 긴 이야기를 추억합니다. 말보다 글이 머뭇거리어도 미래의 등불을 켜고 대면하는 의문을 품습니다.

아무도 믿지 않았던 그 약속에 눈길이 가기도 합니다.
다 풀리지 않는 길을 다시 오면 힘들어서요.

의지할 수 있는 코스모스 꽃밭에서
희망을 노래하여 주는 책을 떠올리게 되었습니다.

- 처음에는 촛불을 추억해요.

나의 희망을 노래하여 주는

멀리 가기 힘들었는데 서점과 공항에서 사랑을 기다리고 있을 때처럼 가만히 바라보고 있는 느낌도 듭니다. 보여주고 싶은 그림이 돌고 있습니다. 은혜가 아닌 지혜로 균형을 잡기 위해 홀로든, 함께하든, 시간도 장소도 마음도 다른 시선을 길들일수록 쉬어가게 할 수 있으니까요.

꿈이라는 게 처음에는 한 곳에서 실수해도 건드릴 수 있는 순간이 있어서 좋았습니다. 눈 밝히고 가야 한다면 그것만 보여서요. 성탄절에 있는 동그라미가 돌고 있습니다.

익숙하지 않은 신발을 신으려면 점점 견디는 마음으로 리듬을 부를 수가 있는 거예요. 경험할 수 있는 살아온 나무들같이 자세히 검토하다 보면 여행에서 내면을 발견할 수도 있겠습니다. 일요일이 좋아가지고 두 사람이 떠나면 일을 많이 하지 않아도 웃음소리가 들린답니다.

어떤 부분까지는 일상의 깊이만큼 여행의 깊이도 두터워질 수 있을 거예요. 갈 길이 멀어도 아꼈던 눈들로 이뤄진 존재는 다르게 보이는 공간을 통해서 열렸습니다. 그것을 보려면 동쪽에 있어야만 합니다.

처음부터 엄청나게 큰 여행을 계획하는 것보다

오르막길을 연습하는 풋풋한 재미도 소중해서요.

시간이 고여있는 질문들과 여행에 대한 고마움이 점점 커질 때, 햇살을 닮은 추억들을 마음에 품을 수 있습니다.

외로움과 관련된 여행이든, 즐거움과 관련된 여행이든, 아니면 세계를 보는 시선에 도움을 주는 여행이든 떠남과 돌아옴의 조화를 위해서 그 옆에 미끄러운 친구도 중요하잖아요.

떠남에 모든 에너지를 다 쓰는 것보다 내가 어디 있는지에 대한 질문과 일상을 환기하는 따뜻한 바람을 가리지 않고 하는 연습도 괜찮겠지요. 스스로 앞에서 기억에 남는 일삼아 무엇이든지 보는 경험들은 현실에 대응하는 방법일 수도 있겠습니다.

11월에는 숨어 떠돌던 알림이 일어서네요.

아직도 별이 되어

상상이 뭉게뭉게
분위기가 되었네요

무슨 이유인지
무관심한 마음은
설명할 필요가 없는
내일을 살고 있지요

아직도 별이 되어
사랑 한 사발을 들고
생일을 축하합니다

아슬하게 저를 매달고 있는 것들은

운명이라는 게 어디서부터 어디까지 꽃 한 송이만큼의 잠이면 족할 수도 있는데 말입니다. 지금까지 가장 인상적인 바람이 먼저 하늘을 스쳐가지만 문을 나서는 순간 이야기를 삼키기 위해서 타협이라도 해야 약자가 하는 성찰이 가능했습니다. 가만히 생각해보면 사이사이 들어가는 익숙한 것을 전하고 싶어서 잘라낸 부분들이 지속되거든요.

울 수밖에 없는 창백한
하얀 시선이 아래로 내려오는 거예요.

영화「레버넌트」
영화「덩케르크」
영화「쇼생크 탈출」

온통 지뢰밭이고 싸움거리투성이인 세상에서 사람이 살아남기란 무척 어려운 일이지요. 하지만 지구의 입장에서는 사람이 넘어지고 쓰러지고 주저앉아야만 할 수도 있겠습니다.

밤새 난간을 타고 흘러내리던 눈물을
감추고도 원래는 우리가 하나였습니다.

덤덤

세월은 한 번씩 귀를 닫고 나를 데려가지 않았습니다.

어찌 스스로의 일생을

아무도 기억하지 않는 사람과 세상을 바꾸지 않은 사람은 비슷한 느낌이 있습니다. 같은 시간 속을 두 손 잡고 걸어가는 게 쉽지 않으니까요. 불편함으로 만들어진 질문들이 있습니다. 자신의 눈동자로 돌리다 보면 세상을 걷어낸 얼굴을 마주하게 될 수도 있거든요. 그때 그 사람과 그 물건들은 어디 거나 단 한 줄일 수도 있겠습니다.

- 담쟁이 잎 하나가 인생을 보여주고 있습니다.

말하기 힘든 기억은

사랑해야 되는 관계는 단계를 거쳐 가야 되지요. 학교에서 본 그 사람을 그때는 가깝진 않게 그다지 멀지도 않게 알고 있었습니다. 자기 이름을 밝히고 한 발 떨어져서 전화가 왔을 때 그런 생각이 들었습니다.

'말하기 힘든 기억은 다르잖아요.'

미처 소식을 전하지 못한 음악이 중요합니다. 미래에서 본 과거의 원칙은 꺼지지 않는 촛불이 조금씩 모아지다가 완성되는 가 봅니다. 에스에프 세계에서 주인공이 넘어가는 방법을 다른 사람들이 모두 이해할 수는 없을 것입니다. 드러나는 체험이 실패해서 제한된 기억만이 유일한 선택이기도 하거든요. 영화 「맨 프롬 어스」가 떠올랐습니다. 상상적 리듬으로 대화를 이끌어 가시는 이야기도 그려지더라고요.

경계에 서 있는 사람들이 기억과 일치하지 않는 시선을 따라가고, 기억과 기록의 간극이 커지면서 진실이 덮어지기만 할 때도 있으니까요. 그리웠던 나의 아버지를 간절하게 만날 수 있는 글이 있었으면 좋겠습니다. 차가운 무늬만 있는 삶을 선명하게 이해하기 위해서는 유장한 정성의 이야기가 필요합니다.

시간은 허약해지고 있지만
온몸이 귀가 될 수 있도록
친구의 웃음소리가 들려옵니다.

어떤 말

쓸쓸한 무늬만 있는 삶을
내용 있는 아름다움처럼 느끼려면
마음가짐 비슷한 사람이
함께 있으면 좋습니다

목요일의 열매는 깊이 남아

영웅 한 명을 작정하고 불러내시는 신은 우리 가까이 있는 존재이기도 하지요. 이유도 없이 미래로 넘어가기 때문에 현재를 잘 생각해야 하더랍니다. 이야기만 커지다 보면 가슴이 빈 이름이 되잖아요.

도시에 가까운 길에서 누군가 환상적인 술을 마시고 있고, 힘의 균형이 빛나는 농담은 설명을 안 해요. 쉬지 않고 하고 싶은 말을 할 수 있는 자기만의 깊은 뜻이 있습니다. 잘 섞이지 않는 의미를 지우기는 어렵습니다. 전통적으로 허락된 것들은 길기도 하거든요.

기대하게 만드는 꿈을 사라지게 하기도 어려운 시대에 살고 있습니다. 타이밍이 좋을 수도 있고, 특이함이 좋을 수도 있을 겁니다. 꿈꾸는 즐거움이고, 천둥의 심장이네요.

구르고 미끄러지면서도 성장하는 무한 긍정 주의 영웅들은 두 세계를 나가는 거지요. 심각하지 않게 거기서 쓸 수 있는 마음을 보내잖아요.

- 볼 때마다 웃습니다.

목요일의 열매는 깊이 남아 한때 무너진 것들이 허락된 의지로 다시 행복할 수 있음을 일깨워주는 느낌이 있습니다.

지금도

우연은 지금도
빛의 단어를 나눠주네요

시간을 거슬러
구분될 수 있는
섬이 있습니다

그 사랑이 즐거움이 되고

새벽 늦게까지 사랑의 세계를 추억할 수 있다는 것은 아름다운 일임이 분명했습니다. 사랑의 멜로디를 바라보는 문제는 호소력이 크잖아요. 그 사람 안으로 들어가고 싶어 했던 고백은 노란색 마을에 가게 되었을 때 발견할 수 있을 겁니다. 가장 깊은 감정을 다짐하는 진심은 처음부터 하는 거 맞아요. 누가 봐주지 않아도 이어지는 시선을 따라갔습니다. 밤마다 새가 날아올라서 혼자 중얼거리는 마음을 이끌어주거든요. 지우고 보고 지우고 보아도 먼저 생각나고 사랑이 사람들을 불러주는 순간이 옵니다. 사랑이 없으면 이 세상 시간은 더디게 가는데 말입니다. 긴 밤 지새우며 다시 살아있다는 증거는 비슷한 부분에서 만나는 경우도 있습니다.

영화 「시라노; 연애조작단」

영화 「광식이 동생 광태」

이리저리 둘러봐도 제일 좋은 건 신기한 의지와 내려가는 사랑이라는 걸 알고, 그리워서 더 행복할 수 있기를 일깨워주는 느낌이 있었지요. 성숙한 눈으로 전달하려는 힘이 다음을 위해 쓸 수 있는 이름도 될 수 있을 거예요.

한 이레쯤 기억 속에 앉아 있는 바람이 되었습니다.

사랑하는 만큼 마루를 건너 창문을 열게 되네요.

오색의 커다란 바구니 속에서

문학은 궁금한 서로를 부르는 힘을 갖고 있구나 하는 생각이 들었습니다. 맘속 경계선이 지워지는 할 일과 한 일은 이내 내어주고 다시 만들어 하늘에서의 한시간으로 모이는 거지요. 비슷하게 흘러가는 꿈이라면 머리가 아닌 가슴으로 들여다봐야 하거든요. 다음을 위해 쓸 수 있는 세월을 입체화 할 수 있는 것에 새기기로 했습니다.

특별한 의미에서 '나를 찾아줘'라는 중요한 고백은 고도를 높여가는 시간이 될 수도 있기 때문에 사람 이름이 들어갑니다. 잠든 길들은 한 번씩 귀를 닫고 이야기를 시작하지요. 버려야 할 인물이 생기고 저녁에서 아침으로 천천히 공간성을 끌어모으면 꺼지지 않는 촛불이 됩니다.

푸른 달과 흰 구름 둥실거리는 옥상만 뛰어다녀도 반짝이는 신호를 읽어낼 수 있어서요. 눈부신 이름이 있는 풍경들은 결국 하얀 자유로움이 아닐는지요. 넓어지고 깊어지는 기억을 섭렵한 이름이 있어요.

한 사람이 다리를 절고 있는데

유리창에 불이 켜지고 있습니다.

말하기 힘든 기억은 다르잖아요

사랑해야 되는 관계는 단계를 거쳐 가야 되지요. 학교에서 본 그 사람을 그때는 가깝진 않게 그다지 멀지도 않게 알고 있었습니다. 자기 이름을 밝히고 한 발 떨어져서 전화가 왔을 때 그런 생각이 들었습니다.

'말하기 힘든 기억은 다르잖아요.'

미처 소식을 전하지 못한 음악이 중요합니다. 미래에서 본 과거의 원칙은 꺼지지 않는 촛불이 조금씩 모아지다가 완성되는 가 봅니다. 에스에프 세계에서 주인공이 넘어가는 방법을 다른 사람들이 모두 이해할 수는 없을 것입니다. 드러나는 체험이 실패해서 제한된 기억만이 유일한 선택이기도 하거든요. 영화 「맨 프롬 어스」를 보면 상상적 리듬으로 대화가 기억과 일치하지 않는 시선을 따라가고, 기억과 기록의 간극이 커지면서 진실이 덮어지기만 할 때도 있으니까요.

그리웠던 나의 아버지를 간절하게

만날 수 있는 글이 있었으면 좋겠습니다.

인생은 낡은 잡지의 표지처럼

가깝게 존재하지 않는데 보면 기분이 좋네요. 우발적으로 벌어진 삶의 진실을 보여주는 예술이 있다는 생각을 하게 됩니다. 넓이가 깊이로 이어지기에 사람들이 다시 힘을 낼 수 있지요.

새파라니 얼어가는 방을 알고 있거든요. 불이 들어오는 이상한 계단은 하루만 볼 수 있었습니다. 피할 수 없는 비가 와서 피아노가 바위처럼 느껴질 때도 있더랍니다. 그가 사람들 사이에 시달리며 바닥에서 고통받는데요. 버려야 할 것이 있는데 해결이 안 되는 거예요. 나의 잘못이라면 마음이 아프네요. 처음 생각했던 세계가 많은 약속이 도착하는 집 앞에서 계속 움직입니다.

이동진 영화 평론가님께서 '한 호흡에 담는다'라는 표현을 사용하실 때, 영화 속에 들어 있는 좋은 관심을 볼 수 있었습니다. 회복을 도와주는 영화는 어둠 속에서도 훤한 장면들로 빛나고, 환하게 웃으며 또 하나의 눈을 내리게 합니다.

자연스러운 관계는 체념의 틈이 될 수도 있고, 희미한 의식을 붙잡고 있는 화두가 될 수도 있지요. 연결되어 있는 사람들이 원하던 것을 가졌을까요?

결국 사랑의 자유로움이 꺼지지 않는 이야기가 됩니다.

소금과 꽃

마음에 머문
소금을 지우는 게
어려워요

그대와 멀어졌다가
다시 가까워진 순간
꽃이 있네요

미소미 언어

사랑의 거리에서
누가 살고 있는지
어루만지는 선물로
대화가 포근하네요